T0208775

essentials

essentials liefern aktuelles Wissen in konzentrierter Form. Die Essenz dessen, worauf es als „State-of-the-Art" in der gegenwärtigen Fachdiskussion oder in der Praxis ankommt. *essentials* informieren schnell, unkompliziert und verständlich

- als Einführung in ein aktuelles Thema aus Ihrem Fachgebiet
- als Einstieg in ein für Sie noch unbekanntes Themenfeld
- als Einblick, um zum Thema mitreden zu können

Die Bücher in elektronischer und gedruckter Form bringen das Expertenwissen von Springer-Fachautoren kompakt zur Darstellung. Sie sind besonders für die Nutzung als eBook auf Tablet-PCs, eBook-Readern und Smartphones geeignet. *essentials:* Wissensbausteine aus den Wirtschafts-, Sozial- und Geisteswissenschaften, aus Technik und Naturwissenschaften sowie aus Medizin, Psychologie und Gesundheitsberufen. Von renommierten Autoren aller Springer-Verlagsmarken.

Weitere Bände in der Reihe http://www.springer.com/series/13088

Mustapha Addam · Manfred Knye
David Matusiewicz

Automotive Health in Deutschland

Wenn die Gesundheitsbranche auf
die Automobilindustrie trifft

Mustapha Addam
VISUS Health IT GmbH
Bochum, Deutschland

Dr. med. Manfred Knye
Volkswagen Aktiengesellschaft
Wolfsburg, Deutschland

Prof. Dr. David Matusiewicz
FOM Hochschule für Oekonomie &
Management gemeinnützige
Gesellschaft mbH
Essen, Deutschland

ISSN 2197-6708   ISSN 2197-6716   (electronic)
essentials
ISBN 978-3-658-20875-2   ISBN 978-3-658-20876-9   (eBook)
https://doi.org/10.1007/978-3-658-20876-9

Die Deutsche Nationalbibliothek verzeichnet diese Publikation in der Deutschen Nationalbiblio-
grafie; detaillierte bibliografische Daten sind im Internet über http://dnb.d-nb.de abrufbar.

Springer Gabler
© Springer Fachmedien Wiesbaden GmbH, ein Teil von Springer Nature 2018

Gedruckt auf säurefreiem und chlorfrei gebleichtem Papier

Springer Gabler ist ein Imprint der eingetragenen Gesellschaft
Springer Fachmedien Wiesbaden GmbH und ist Teil von Springer Nature
Die Anschrift der Gesellschaft ist: Abraham-Lincoln-Str. 46, 65189 Wiesbaden, Germany

Was Sie in diesem *essential* finden können

- Umfassende Überlegungen zum Einsatz von Gesundheitsdienstleistungen im Auto
- Anregungen und Erfahrungen aus anderen Ländern
- Einen Gesamtüberblick zum aktuellen wissenschaftlichen Stand

Inhaltsverzeichnis

Einleitung

1

Mit dem Einzug der digitalen Revolution und der Einleitung des Informationszeitalters, bestimmen und beherrschen disruptive Geschäftsmodelle die Geschehnisse in der Gesellschaft und Wirtschaft weltweit. Diese Innovationen determinieren den Lebensstil und die Gewohnheiten von Individuen in nahezu allen Gesellschaften weltweit. Wichtigste Währung solcher Geschäftsmodelle sind die Daten. In einem Interview ordnet das BMBF den Daten folgende vergleichende und hohe Bedeutung bei: „Daten sind das Öl der Wissensgesellschaft".[1] Andere Autoren beziehen diese Aussage auf das Informationszeitalter oder auch darauf, dass Daten das Öl des 21. Jahrhunderts seien.[2] In der Wirtschaft sehen sich gestandene Unternehmen mit ihren etablierten, konservativen Geschäftsmodellen und Hierarchien (z. B. Automobilbranche etc.) einer Verdrängungsgefahr durch solche Disruptionen ausgesetzt. Im Vergleich zu den etablierten Unternehmen, verfügen die sogenannten GAFA Unternehmen über genügend Kapital und Zeit um Innovationen zu pushen. Eine weitere Branche, die diesen digitalen Wandel mitmachen muss, ist das Gesundheitswesen.

Die Automobilbranche befindet sich derzeit hinsichtlich der Mobilität stark im Wandel. Das Gesundheitssystem in Deutschland steht vor großen finanziellen, personellen, infrastrukturellen sowie leistungsbezogenen Problemen und Herausforderungen. Zudem sehen viele Akteure in diesen beiden Branchen bzw. Märkten große wirtschaftliche Potenziale. Besonders die GAFA-Unternehmen forcieren ihre disruptiven Geschäftsmodelle in diesen Märkten. Ausschlaggebend für solche Innovationen ist die Digitalisierung – Daten sind mehr denn je gefragt.

---

[1]BMBF (2015, o. S.).
[2]Altenfelder, K. (2015, o. S.) und Gross-Selbeck, S. zitiert nach Höinghaus, Chr. (2015, o. S.).

© Springer Fachmedien Wiesbaden GmbH, ein Teil von Springer Nature 2018
M. Addam et al., *Automotive Health in Deutschland*, essentials,
https://doi.org/10.1007/978-3-658-20876-9_1

Daten als vergleichende Ressource zum Öl des aktuellen Informationszeitalters offenbaren offensichtlich ungeahnte neue Geschäftsfelder. Diese Business Modelle basieren zwingend auf den konsequenten Einsatz digitaler Themenfeldern, wie z. B. Big Data, Predictive Analytics, Machine Learning, Expertensysteme etc. Ein Aspekt dieses Buches ist die Veränderung von Geschäftsmodellen und Philosophien in Bezug auf die digitale Gesundheitswirtschaft und zukünftigen Entwicklungen. Aus den zuvor genannten Branchen erwächst ein neues potenzielles disruptives Feld – Automotive Health, welches im Zuge von innovativen Geschäftsmodellen und Philosophien analysiert wird.

eHealth beschreibt ein abstraktes Verständnis über den branchenübergreifenden Einsatz von Informations- und Kommunikationstechnologien im Gesundheitswesen. Aus dem Bereich der Public Health werden hierzu neuartige Technologien bzw. Innovationen gezählt, die in der Gesundheitsförderung und Prävention eingesetzt werden. Beispiele hierfür sind mHealth-Anwendungen aus den Bereichen der Telemedizin, Home Care, AAL, Wearables etc. Seitens der Global Player, die sogenannten GAFA (i. S. Daten als Zahlungsquelle) werden kostenlose Health-Applikationen angeboten, die Gesundheitsaktivitäten, Ernährungsverhalten, Schlafgewohnheiten etc. eines Individuums überwachen und aufzeichnen. Die Gegenwährung zur kostenfreien Nutzung dieser Anwendungen sind die persönlichen Daten. Die zuvor genannten Global Player verfügen zudem über genügend Kapital sowie Zeit um disruptive Innovationen und Neuentwicklungen zu forcieren. Ganze etablierte und gestandene Branchen, wie beispielsweise der Automotive-Bereich, müssen solche Herausforderungen und Entwicklungen annehmen und meistern. Mit dem Google Driverless Car, Apple iCar stehen in Gänze völlig neuartige Konzepte der Mobilität vor der Verwirklichung. Die etablierte Automotive-Industrie muss auf diese Entwicklungen reagieren, um nicht auf einem tradierten Abstellgleis zu landen. Eine mögliche Entwicklung wäre beispielsweise den Automotive-Bereich nicht nur unter dem Aspekt des Autonomous Driving zu betrachten, sondern andere Services, wie z. B. eHealth Anwendungen und Mechanismen einzubeziehen. Diese Triangularität aus Automotive, Digital Health und Healthcare eröffnet ein neuartiges und zukunftsweisendes Konzept der Mobilität. In der Fachschaft werden diese Entwicklungen unter dem Oberbegriff Automotive Health zusammengefasst. Wie lassen sich diese völlig unterschiedlichen Themengebiete zusammenbringen und wie könnte das zukünftige Konzept und Geschäftsmodell der Mobilität aussehen? Existieren hierzu auch brauchbare Anwendungsszenarien?

Das derzeitige Gesundheitssystem offenbart Schwächen im Hinblick auf die Meisterung der Herausforderungen und Problemstellungen bedingt durch den demografischen Wandel und dem Fachkräftemangel.[3] Um diesen Herausforderungen zu entgegnen, sehen diverse Akteure den Ausweg in effizienten Versorgungskonzepten auf Basis der digitalen Gesundheitswirtschaft.[4] Hierbei ergeben sich u. a. Fragen, ob disruptive Geschäftsmodelle im Gesundheitswesen anwendbar und umsetzbar sind. Matusiewicz, Gehne und Elmer zeigen ein gemischtes Bild verschiedenster praxisorientierter Akteure hinsichtlich der digitalen Transformation und der Fragestellung ob das Gesundheitswesen zwischen einem tradierten Stillstand oder disruptiven Sprüngen steht.[5] Ist das derzeitige tradierte Gesundheitssystem für disruptive Geschäftsmodelle im Gesundheitsweisen überhaupt ausgelegt oder müsste sich grundlegend auf allen institutionellen Ebenen etwas ändern?

Automotive Health ist ein neuartiges Themengebiet, welches die zwei bislang völlig unabhängigen Bereiche Mobilität und Gesundheit, unter Hinzunahme neuer Technologien aus den Themenkomplexen eHealth, mHealth und Telemedizin, verknüpft. Die Gesundheit ist ein Querschnittsthema, welche alle Branchen und Bereiche übergreifend betrifft. Hinsichtlich der Mobilität interessierte sich das Individuum seit Menschengedenken vorrangig dafür, wie es von einem Standort zum anderen möglichst schnell und sicher gelangt. In der letzten Dekade entstand ein Hype rundum das Thema eHealth mit neuartigen mobilen Anwendungen und Technologien zur Überwachung und Kontrolle der eigenen Gesundheit. Wie könnten jedoch zukünftige disruptive Geschäftsmodelle in der Automobil- und Gesundheitsbranche aussehen und ist das deutsche Gesundheitssystem dafür überhaupt ausgelegt?

---

[3]Vgl. Gigerenzer, G. et al. (2016, S. 5 ff.).

[4]Vgl. Wasem, J. (2012).

[5]Vgl. Matusiewicz, D. et al. (2017, o. S.).

Veränderung der Geschäftsmodelle und Philosophien in der digitalen Gesundheitswirtschaft

2.1 Problemstellungen des deutschen Gesundheitssystems

Zu den Problemstellungen und Herausforderungen des Gesundheitssystems in Deutschland, existieren eine Reihe von Publikationen. Müschenichs Baumarkt-Vergleich mit dem Gesundheitswesen deckt einen Auszug an Problemstellungen, die den Patienten in Zukunft zu einem Kunden bewegen und somit zum Handeln zwingen werden.[1] Dieses aktive Handeln der Patienten fußt auf die Nutzung technologischer Innovationen hinsichtlich der Überwachung und Kontrolle der eigenen Gesundheit. Müschenichs Kritik zielt auf ein defizitäres Gesundheitssystem, welches nicht in der Lage ist, sich auf den technologischen Fortschritt einzustellen. Dem gegenüber formuliert Certain die Existenz von mehr praktischen Problemen als Lösungen aus.[2] In diesem Kontinuum der Ansichten Müschenichs und Certains bewegen sich auch die meisten anderer Autoren. Die Einen stehen für Fortschritt und Innovation (strategische Ausrichtung) während die Anderen auf die Optimierung der bestehenden und etablierten Strukturen (Operative Ausrichtung) fokussiert sind (Tab. 2.1).

Eine Analyse der Probleme und Defizite des Gesundheitssystems führt schnell zu zahlreichen Argumenten. Solche Argumentationen müssen mit Vorsicht und Sorgfalt abgewogen werden – ein Äpfel-Birnen-Vergleich ist nicht zielführend. Es existieren diverse Studien, die auf Basis unterschiedlicher Skala und Skalenniveaus die Systeme unterschiedlicher Länder bewerten. Die EHCI-Studie

---

[1]Vgl. Müschenich, M. (2012, S. A2356 ff.).
[2]Vgl. Certain, C. (2013, S. A275 f.).

© Springer Fachmedien Wiesbaden GmbH, ein Teil von Springer Nature 2018
M. Addam et al., *Automotive Health in Deutschland*, essentials,
https://doi.org/10.1007/978-3-658-20876-9_2

Tab. 2.1 Problemstellungen, Kennzeichen und Konsequenzen des Gesundheitssystems

Problemstellung	
Kennzeichen	Konsequenzen, Resultate
Demografischer Wandel: → hohe Lebenserwartung vs. wenig Neugeborene	
Höhere Lebenserwartung führt zu höheren Gesundheitsausgaben Konträr immer weniger zahlungskräftige junge Arbeitnehmer	Steigende Beitragssätze der Krankenkassen nicht tragbar Zusatzleistungen, z. B. IGEL-Leistungen u. a. mit Zusatzkosten verbunden
Personaldeckelung: → Fachkräftemangel vs. steigende Erkrankungsraten	
Fallpauschale ungeeignet für ausreichende und qualitative Medizin Unterversorgung in ländlichen Regionen	Fließbandabwicklung der Patienten Sinkende medizinische Versorgung Unzufriedenheit der Ärzte Unzufriedenheit der Patienten steigt
Medizinische Leistungsfähigkeit: → Mehrklassenmedizin	
Entwicklungen und Unterscheidungen nach erstem und zweitem Gesundheitsmarkt Zwei- bis Mehrklassenmedizin Biomedizinisches Modell nicht ausreichend für neue Krankheitsarten	Steigende Ausgaben im sogenannten zweiten Gesundheitsmarkt, unklare und umstrittene Definition der Leistungen Politisch negativ behaftete Vorstellung zwischen GKV und PKV Versicherte Neu aufkommende Krankheiten nicht mehr durch das biomedizinische Modell zu bewältigen, Umfassende Leistungen im Rahmen des Biopsychosozial Modell erforderlich
Der informierte Patient: Kompetenzen des Arztes vs. Bewertung des Patienten	
Zunehmende Nutzung von Informationstechnologien zur Informierung über Krankheitsbilder Zunehmendes Gesundheitsbewusstsein in der Gesellschaft Zunehmende Einsatz von Technologien zur Überwachung der eigenen Gesundheit	Steigende Arzt-Patientenkonflikte Überforderung und steigender Aufwand beim medizinischen Personal durch neue Informationstechnologien Demotivation zum Arztbesuch Zunahme von alternativen Gesundheitsmärkten

beispielsweise bewertet in einem Vergleich unter 35 Ländern Deutschland nach den Niederlanden, den skandinavischen Ländern und Belgien auf Platz 7.[3] Diese Bewertung basiert auf Kriterien der Patientenrechte, Wartezeiten für Behandlungen, Service für Patienten und Vorsorgemaßnahmen. Der Commonwealth Fund bewertet fünf Gruppen: Qualität, Zugang, Effizienz, Verteilungsgerechtigkeit und gesundes Leben. Weitere Subindikatoren sind Sicherheit, Wartezeiten, Verwaltung

---

[3]Vgl. Björnberg, A. (2016, o. S.).

Abb. 2.1 Einschätzung von Ärzten zu Gesundheitssystem und Gesundheitsversorgung in Deutschland (Köcher, R. 2016, S. 3, eigene Darstellung)

und gerechter Zugang zu medizinischen Leistungen.[4] Das Ziel der fachlich und systematisch sehr gut ausgearbeiteten Commonwealth Studie war, die Effizienz des amerikanischen Gesundheitssystems gegenüber anderen Ländern zu ermitteln. Im Rahmen dieser Studie sind die USA (11. Platz) weit abgeschlagen hinter Deutschland (5. Platz), während die Länder England, Schweiz, Schweden und Australien besser gestellt sind. Der Health System Performance Index der WHO bewertet die Effizienz Deutschlands auf Basis der aufgestellten Indikatoren auf. Platz 25 verglichen mit über 191 Ländern.[5] Der Bloomberg Healthcare Efficiency Index bewertet die Kriterien Lebenserwartung, Kosten für die Gesundheitsversorgung im Verhältnis zum Bruttoinlandsprodukt und die Kosten der Gesundheitsversorgung pro Kopf. Hiernach belegt Deutschland den 39. Rang, während einige asiatische Länder die vorderen Plätze belegen.[6] Es existieren diverse weitere Studien, die sicherlich nachvollziehbare Indikatoren für einen Vergleich ansetzen. Die deutlichen Platzierungsunterschiede der einzelnen Studien zeigen die Schwierigkeit eines Vergleichs der Gesundheitssysteme. Im Allgemeinen ist das Gesundheitswesen Deutschlands in den Kriterien Zugang, Leistungsfähigkeit und Gerechtigkeit sehr gut aufgestellt. Abb. 2.1 zeigt eine Einschätzung der Ärzte

---

[4]Vgl. Mossialos, E. und Wenzl, M. (2016, S. 69 ff.).

[5]Vgl. Tandon et al. (2017, S. 2, 18 f.).

[6]Vgl. Du, L. und Lu, W. (2016, o. S.).

über das Gesundheitssystem und -Versorgung. In Anlehnung an den Bewertungen
der zuvor genannten Studien liegen die Defizite primär in der Effizienz. Wasem
sieht die Treiber und den Schlüssel zur Erhöhung der Effizienz im Gesundheitswesen im Versorgungsmanagement, konkret in der einrichtungsübergreifenden
Steuerung der Versorgung.[7]

Den Ausweg zur Ausschöpfung jener Effizienzreserven im Versorgungsmanagement sehen viele Akteure in der Digitalisierung. Dabei eröffnet der Einsatz
von IKT-Lösungen im Gesundheitswesen in Gänze neue Geschäftsfelder der
Gesundheitswirtschaft. Im Rahmen einer Studie im Auftrag des Bundesministeriums für Wirtschaft und Energie wird das ökonomische Potenzial der Gesundheitswirtschaft aufgezeigt.[8] Der Nutzen von eHealth und Big Data Anwendungen im
Gesundheitswesen liegt dabei in der Erhöhung der Versorgungsqualität sowie der
Steigerung der Versorgungseffizienz aus Wirtschaftlichkeits- sowie Versorgungs-
perspektive.[9] Trotz der gewaltigen Potenziale der digitalen Gesundheitswirtschaft,
ist Deutschland in der Effizienz sowie in der Digitalisierung im Gesundheitswesen
ziemlich schlecht aufgestellt. Das liegt u. a. an der starken Regulation und damit
einhergehenden Unfähigkeit sich kurzfristig und schnell auf neue technologische
Entwicklungen einzustellen. Als Beispiel hierfür kann die verspätete Einführung
des eHealth-Gesetzes im Jahr 2016 aufgeführt werden. Mit dem Bekanntwerden
des LipoBay-Skandals im Jahr 2001 und den damaligen politischen Forderun-
gen zur Einführung einer Telematikinfrastruktur und Gesundheitskarte, dauerte
es nach diversen Verfehlungen knapp 15 Jahre bis das eHealth-Gesetz verab-
schiedet wurde. Auch nach dessen Verabschiedung existieren erhebliche Zweifel
diverser Akteure an der Umsetzung der festgelegten Agenda und der Umsetzung
der spezifizierten Telematikinfrastruktur. Weitere Fachkreise bewerten die fest-
gelegte Agenda zur Umsetzung der Telematikinfrastruktur wiederum als eine
Sackgasse. Damit bahnt sich ein Déjà-vu zur Dekade nach dem Lipobay-Skan-
dal an. In diesem Zusammenhang müsse die Frage gestellt werden, ob das aktuelle traditionelle, konservative Gesundheitssystem für innovative, ggf. disruptive
Geschäftsmodelle ausgelegt bzw. zeitgemäß ist. Es ist klar, dass diese Fragestellung schwierig, wenn nicht sogar aufgrund des Solidaritätsprinzips ein politisches
Tabuthema ist. Dennoch muss im wissenschaftlichen Kontext eine solche Fragestellung erlaubt sein. Zur Erzielung einer höheren Effizienz zum Zwecke einer

---

[7]Vgl. Wasem, J. (2012, S. 8).
[8]Vgl. PwC Strategy& (2016, o. S.).
[9]Vgl. PwC Strategy& (2016, S. 163).

besseren Qualität in der Versorgung unter Hinzunahme von eHealth-Technologien, muss ein Gesundheitssystem ein Enabler und nicht ein Verhinderer sein. Disruptive Geschäftsmodelle erfordern ein disruptives Gesundheitssystem.

2.2   Gesundheits- und eHealth-Markt Deutschland im Überblick

Im Jahr 2015 lagen die Gesundheitsausgaben in Deutschland mit 344,2 Mrd. EUR, das entspricht 11,3 % des BIP. Abb. 2.2 zeigt den Verlauf der Gesundheitsausgaben von 1992 bis 2015 in Deutschland. Das Statistische Bundesamt prognostiziert einen Anstieg der Ausgaben für das Jahr 2016 auf 359,1 Mrd. EUR.[10]

Die Gesundheitsausgaben sind angesichts der in Abschn. 2.1 aufgeführten Problemstellungen und Herausforderungen eine zu meisternde Größe. Etwa 58 % dieser Ausgaben werden den gesetzlichen Krankenversicherungen zugerechnet. Abb. 2.3 zeigt gemäß dem Gesundheitsreport 2017 der DAK die 10 wichtigsten Krankheiten auf. Hiernach machen die Gruppen Muskel-Skelett-System, Psyche und Atmungssystem mehr als die Hälfte der Erkrankungen aus. Neben den Krankheitsgruppen Verletzungen und Vergiftungen, Verdauungssystem, Infektionen, Nervensystem, Sonstige bilden die Erkrankungen des Kreislaufsystems und Neubildungen (z. B. Krebs) nicht zu vernachlässigende Größen.

Abb. 2.4 zeigt die Umsatzprognosen zum weltweiten digitalen Gesundheitsmarkt eingeteilt nach Segmenten. Hiernach wird eine Verdoppelung der Umsätze in den Bereichen Mobile Health und Wireless Health bis zum Jahr 2020 erwartet. Das Telehealth Segment zeigt ebenfalls eine starke Wachstumsrate mit ca. 53 % bis zum Jahr 2020. Einzig das Segment der Elektronischen Gesundheitsakte weist eine verhältnismäßig moderate Wachstumsrate mit ca. 14 % auf. Insgesamt wird über alle Segmente hinweg ein Wachstum von ca. 75 % im weltweiten digitalen Gesundheitsmarkt erwartet.

Der Umsatz im eHealth-Markt in Deutschland beläuft sich im Jahr 2017 auf ca. 392 Mio. EUR. Laut einer Prognose des CAGR wird dieser Umsatz bis zum Jahr 2020 auf ein Marktvolumen von ca. 662 Mio. EUR, welches einer jährlichen Wachstumsrate von ca. 19,1 %. Im weltweiten Vergleich generierte der eHealth-Markt in den USA ein Volumen von 2.3 Mrd. EUR im Jahr 2017.

---

[10]Vgl. DESTATIS (2017a, o. S.).

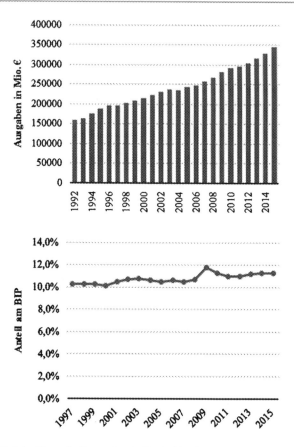

Abb. 2.2 Jährliche Gesundheitsausgaben in Deutschland

Abb. 2.5 zeigt eine weltweite Umsatzprognose des eHealth-Marktes nach aus-
gewählten Erkrankungsgruppen. Hiernach wird insgesamt für die Erkrankungsgruppen Diabetes, Bluthochdruck und Herzinsuffizienz ein Umsatz von über
5.1 Mrd. EUR im Jahr 2020 im eHealth-Markt erwartet. Die meisten Umsatz-
anteile liegen im Bereich der Herzinsuffizienz. Auch wenn vergleichsweise die
Umsätze von eHealth-Anwendungen in den Segmenten des Bluthochdrucks und
Diabetes geringer ausfallen, so wird in diesen Segmenten eine Verdoppelung der
Umsätze bis zum Jahr 2020 erwartet.

Im Vergleich zu den Umsätzen zeigt Abb. 2.6 eine Prognose der eHealth-Nutzer
für die zuvor genannten Erkrankungsgruppen. Demnach werden die eHealth-Nutzer

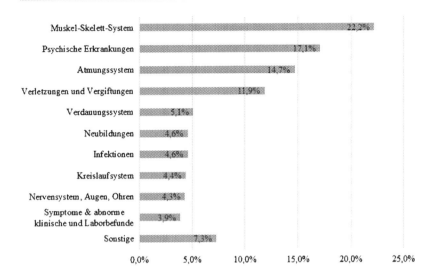

Abb. 2.3 Anteile der 10 wichtigsten Krankheitsarten an den AU-Tagen

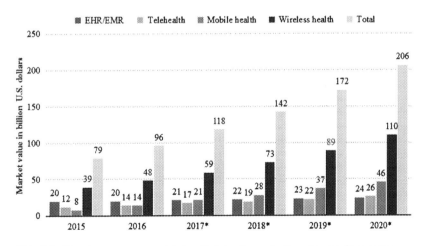

Abb. 2.4 Umsatzprognose zum globalen digitalen Gesundheitsmarkt nach Segmenten

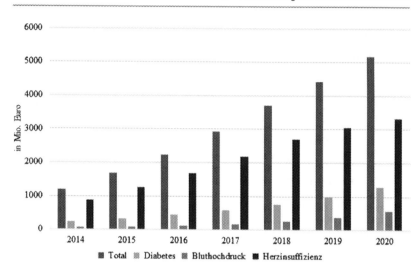

Abb. 2.5 Umsatz im Markt für eHealth nach Krankheitsgruppen

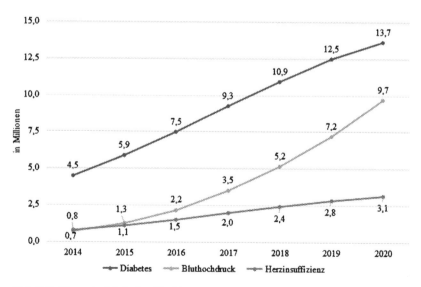

Abb. 2.6 Nutzer im Markt für eHealth

im Bereich der Herzinsuffizienz auf etwa 3,1 Mio. bis zum Jahr 2020 ansteigen. Das entspricht einer Steigerungsrate von 55 % gegenüber das Jahr 2017. Eine über-proportionale Steigerungsrate weisen die Zahlen im Bereich des Bluthochdrucks auf. In diesem Segment werden die Nutzer im Jahr 2020 auf ca. 9,7 Mio. prognos-tiziert, im Jahr 2017 liegt vergleichsweise die Anzahl der Nutzer bei etwa 3,5 Mio. Die Steigerungsrate liegt damit bei 177 % im Segment des Bluthochdrucks. Im Dia-betes-Segment wird ein Anstieg der Nutzeranzahl von 9,3 Mio. im Jahr 2017 auf 13,7 Mio. im Jahr 2020 geschätzt. Die Steigerungsrate liegt hier bei etwa 47 %.

2.3 Transformation von Geschäftsmodellen in der Gesundheitswirtschaft

Das klassische biomedizinische Modell der Erbringung von medizinischen Gesundheitsleistungen ist aktuell zwar gerade noch funktional, jedoch unter den Aspekten der in Abschn. 2.1 aufgezeigten Problemstellungen längst nicht mehr praktikabel. Unabhängig von dem Finanzierungsaspekt der Gesundheit, sieht sich die Gesellschaft neueren Krankheitsbildern (u. a. psychologische Faktoren etc.) ausgesetzt. Die Ärzte geraten im Rahmen der Abrechnungsmodelle sowie der Möglichkeiten der Erstellung von Diagnosen und der Behandlung von Pati-enten immer in zeitliche Engpässe. Darüber hinaus nutzen vermehrt Menschen digitale Technologien zur Überwachung ihrer eigenen Gesundheit. Mit dem informierten Patienten ist der Wissensvorsprung des Arztes oft verwirkt. Lonsert, Schäfer und Harms beschreiben Aspekte der Innovation basierend auf Informa-tion, Umwelt, Biotechnologien, optische Technologien und Gesundheit die als Übergang vom fünften in dem sechsten Kondratieff-Zyklus von Bedeutung sein werden.[11] In diesem Zusammenhang wird der Mensch als somato-psychosoziales Wesen beschrieben, dessen Gesundheit nicht nur vom Kriterium der Physiologie, sondern ebenfalls der Psychologie, Sozialstatus u. a. Faktoren abhängt. Dieser somato-psychosoziale Wandel der Gesundheit basiert grundlegend auf dem Ein-satz von Informationstechnologien, dem sogenannten fünften Kondratieff-Zyklus.

Magretta beschreibt den Begriff des Geschäftsmodells (engl. Business Model) als eines der größten Schlagwörter seit Aufkommen des Internetbooms.[12] Dem-nach handelt es sich um eine Darstellung bzw. Modellierung einer Geschäftsidee

---

[11]Vgl. Lonsert, M. et al. (2016, S. 6 ff.).

[12]Vgl. Magretta, J. (2002, o. S.).

in Form von Analyseeinheiten. Eine solche Geschäftsidee hat die Eigenschaft, dass sie anders ist als traditionelle und bekannte Schemata von Unternehmensdarstellungen. Das Schlagwort wurde in Anlehnung an die Entwicklungen der letzten zwei Dekaden um das Adjektiv disruptiv erweitert. Disruptiv meint die völlige Verdrängung oder Veränderung von bestehenden Technologien, Produkten, Dienstleistungen, traditionelle Unternehmensgeschäfte oder auch Denkweisen oder Denkhaltungen durch eine vergleichbare Innovation. Christensen beschreibt in seiner Ausarbeitung wie große Unternehmen an disruptiven Technologien und Innovationen zu Grunde gehen können.[13] Hierzu zählt u. a. die fehlende Bereitschaft sich auf neue technologische Trends einzustellen. In den meisten Fällen scheitern solche Unternehmen an bestimmten Ansichten des Managements. Anthony führt beispielsweise den Tieffall von Kodak nicht auf die technologische Entwicklung, sondern auf die Myopie zurück. Demnach sei Kodak von dessen Erfolg so verblendet gewesen, dass sie den technologischen Aufstieg fernab von der Realität völlig verpassten.[14] Ein anderes Beispiel einer solchen Disruption ist der Einzug von UBER in die Onlinevermittlung der Personenbeförderung. Eine solche Entwicklung stellt nicht nur den Geschäftszweig der öffentlichen Verkehrsbeförderung infrage sondern ebenfalls die Denkhaltung und Ansichten hinsichtlich der Mobilität in der Gesellschaft. Einerseits bringt die nächste Mitfahrgelegenheit per Knopfdruck viele Vorteile mit sich, zum anderen ist ein ganzer Wirtschaftszweig plötzlich in Gefahr geraten. Davon sind nicht nur die öffentlichen Verkehrsmittel sondern ebenfalls die Automobilindustrie betroffen. Der Werbeslogan von UBER, dass auf Knopfdruck ein Fahrzeug direkt zu dir kommt, spiegelt nicht nur die aktuelle Situation der Mobilität wieder. Zukünftig könnte sich das wie folgt entwickeln: auf Knopfdruck kommt das autonom fahrende Fahrzeug mit sämtlichen persönlichen Services zu dir gefahren. Damit wäre eine völlig neue Ära eingeleitet. Eine solche Entwicklung dürfen die Automobilhersteller keineswegs verpassen und müssen sich darauf einstellen. Die Global Player verfügen über genügend Kapital, Zeit und Ressourcen um im Bereich der Mobilität mitzumischen. Die Investments von Apple in den Bereichen Machine Learning, Autonomous Driving, Self-driving cars forcieren die Entwicklung des selbstfahrenden iCars und stehen kurz vor der Marktreife.[15] Den ähnlichen Status hat Google mit dem selbst-fahrenden WAYMO.[16] Mit der

---

[13]Vgl. Christensen, M. C. (1997, o. S.).
[14]Vgl. Anthony, S. (2016, o. S.).
[15]Vgl. Theguardian (2017a, o. S.).
[16]Vgl. Muller, Joan (2017, o. S.).

Anmeldung von Patenten im Bereich der autonom fahrenden Fahrzeuge positioniert sich Amazon in den Bereichen (Personenverkehr und Logistik).[17] Microsoft und Facebook steigen ebenfalls in diese Entwicklungen ein.[18] Die Global Player verfügen im Vergleich zu den tradierten Unternehmen der Automobilindustrie über die relevanten Ressourcen, um solche Entwicklungen zu stemmen. Hierzu gehört beispielsweise das digitale Know-how, die Verfügbarkeit von hoch spezialisierten Entwicklungsteams und die entsprechenden Entwicklungsplattformen um sich auf jedes Segment sofort einzustellen. Im Gegenzug verfügen die Unternehmen der Automobilindustrie über Spezialwissen und Erfahrungen im Verkehrsbereich.

Matusiewicz, Elmer sind der Fragestellung, ob solche disruptiven Transformationen auch im Gesundheitswesen möglich sind, nachgegangen.[19] Hierzu haben sich diverse Akteure des Gesundheitswesens mit einem gemischten Bild geäußert. Aufgrund des stark regulierten Gesundheitssystems sind disruptive Geschäftsmodelle schwer denkbar, ausgeschlossen sind solche Entwicklungen jedoch nicht.

2.4 Aspekte/Einflussfaktoren der Gesundheit in der Automobilität

Zu den Einflussfaktoren auf die Gesundheit eines Fahrers als auch auf die Insassen eines Automobils können eine Reihe von Determinanten aufgezählt werden. Eine Determinante repräsentiert eine negative Aktion bzw. Aktivität, die sich auf die Fahreignung und -sicherheit auswirkt.

Zu den Betrachtungsebenen des Fahrverhaltens führt Huguenin Faktoren der Disposition, Situation und Handlung auf. Gemäß Abb. 2.7 muss ein Autofahrer hinsichtlich dieser Faktoren stets achtsam sein. Zudem haben solche Determinanten zwangsläufig Auswirkungen auf die Physiologie (z. B. erhöhte Herzaktivität), Kognition (z. B. gedankliche Auseinandersetzung), Motorik (z. B. Fight-or-Flight-Situationen) und Emotionalität (z. B. Gefühle der Angst etc.) die Cannon und Selye in der Stresspsychologie als unspezifische Faktoren Klassifizieren.[20] Neben den unspezifischen Faktoren einer Stresssituation existiert eine

---

[17]Vgl. Theguardian (2017b, o. S.).

[18]Vgl. Shahan, Z. (2015, o. S.) und Silver, A. (2017, o. S.).

[19]Vgl. Matusiewicz, D. et al. (Hrsg.) (2017, o. S.).

[20]Vgl. Cannon, W. B. (1915/1920) und Selye, H. (1946).

Abb. 2.7 Betrachtungsebenen des Fahrverhaltens nach Huguenin (Huguenin, R.D. 1988, S. 86)

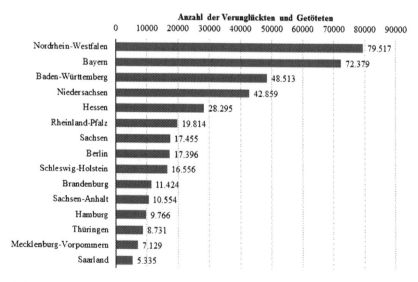

Abb. 2.8 Verunglückte im Straßenverkehr nach Bundesländern 2016 (Quelle Statistisches Bundesamt nach Statista 2017, o. S., eigene Darstellung)

Parallelebene der spezifischen Stresssituation, wie beispielsweise das Auftreten einer unerwarteten Situation (z. B. Unfall etc.). Solchen Stressereignissen sind Individuen täglich im Straßenverkehr ausgesetzt. Abb. 2.8 zeigt die Auswirkungen solcher Determinanten im Straßenverkehr. Die Abbildung zeigt die Anzahl der Verunglückten einschließlich der Todesfälle im Straßenverkehr sortiert nach Bundesländern im Jahr 2016.

Mit dem Themengebiet der Automotive Health bieten sich unter der Einbeziehung und Anwendung von eHealth-Technologien in Gänze neue Gedankengänge zur Entgegnung der aufgeführten Einflussfaktoren auf die Gesundheit der Verkehrsteilnehmer. Im weiteren Verlauf dieses Buches sollen Anwendungsszenarien und Möglichkeiten der Automotive Health aufgezeigt werden.

Überblick zu Automotive Health 3

Die Marktpotenziale und -zahlen gemäß Abschn. 2.2 sind Anreiz genug sich mit innovativen und disruptiven Geschäftsmodellen in der Gesundheitsversorgung zu beschäftigen. Ein solches Geschäftsmodell wird zukünftig die Automotive Health sein. Im Nachfolgenden wird auf Basis der Metaanalyse ein Überblick über die Automotive Health zusammenfassend und strukturiert aufgezeigt.

Ausgangsgrundlage für die Recherche ist das Wortgebilde gemäß dem beschriebenen Verständnis in Abschn. 3.1. Weitere Suchbegriffe ergaben sich im Zuge der Literaturrecherche ausgehend vom Automotive Health Begriff (siehe Abb. 3.1). Die Recherche wurde jeweils trunkiert als auch untrunkiert durchgeführt. Zu beachten ist, dass die untrunkierte Suche sehr hohe Trefferlisten ergibt. Dies resultiert daraus, dass diese Suchmethode nicht zwangsläufig nach der zusammenhängenden Phrase sucht. Eine weitere Schwierigkeit bildet die trunkierte Suche hinsichtlich gewisser Sonderzeichen zwischen zwei Wörtern einer zusammengesetzten Phrase. Beispielsweise führt die trunkierte Suche nach „Automotive Health" ebenfalls zu folgenden Treffern mit einem Komma, Gedankenstrich oder auch Sonderzeichen (z. B. Automotive, Health oder Automotive – Health etc.). Die Ausgabe mit dem Komma führt meistens zu Publikationen, in denen die Begriffe Health und Automotive unabhängig voneinander vorkommen und damit in Gänze andere thematische Inhalte wiedergeben.

Die Literaturrecherche zeigt ein differenziertes Bild über die Verfügbarkeit an Literatur i. S. wissenschaftlicher Publikationen zum Thema Automotive Health. Die Recherche wurde auf Basis der spezifizierten Suchbegriffe gemäß Abb. 3.1 im Zeitraum von Mai bis August 2017 durchgeführt. Ausgangspunkt für die Suche war der Begriff Automotive Health. Abb. 3.2 zeigt im Allgemeinen eine grafische Darstellung der Suchergebnisse mit und ohne den Trunkierungsoperatoren der Wortgruppensuche.

© Springer Fachmedien Wiesbaden GmbH, ein Teil von Springer Nature 2018   19
M. Addam et al., *Automotive Health in Deutschland*, essentials,
https://doi.org/10.1007/978-3-658-20876-9_3

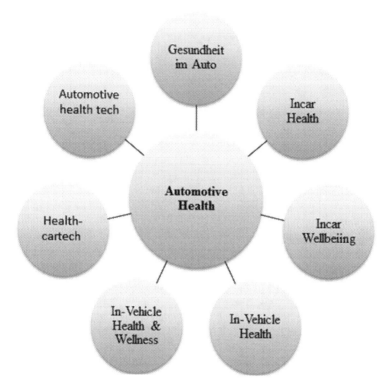

Abb. 3.1 Suchbegriffe der Automotive Health

Die untrunkierte Suche des Begriffs Automotive Health weist im Vergleich zu den anderen verwandten Begriffen mit über 250 Mio. eine sehr hohe Trefferquote auf. Die hohe Trefferquote resultiert aus der Frequentierung der Begriffe sowie der unabhängigen Suche nach Artikeln, die nicht zwangsläufig mit dem definierten Verständnis von Automotive Health in Verbindung stehen. Zudem sind die Begriffe Automotive und Health unabhängig voneinander, die am meisten fluktuierenden Wörter überhaupt. Die Google Scholar Recherche führt verhältnismäßig zu geringeren Suchtreffern, jedoch mit einem ähnlichen Kurvenverlauf. Viel niedriger fallen die Trefferquoten im sogenannten Deep Web aus (siehe Abb. 3.3). Hiernach ergeben sich hohe Trefferquoten rund um den untrunkierten Automotive Health Begriff bei Springer Link, Elsevier, Wiley und ACM Digital Libary.

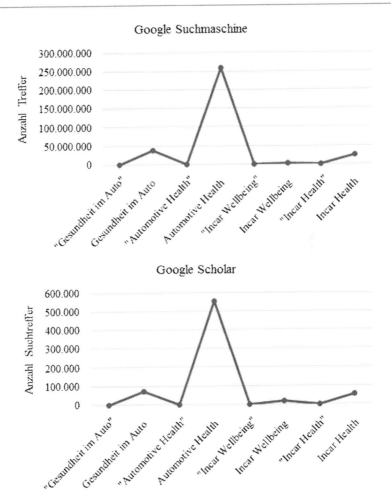

Abb. 3.2 Trefferraten Google Suchmaschine und Scholar im Vergleich

Die untrunkierte Recherche führt zu hohen Trefferquoten und meistens zu Artikeln, die nicht inhaltlich zu dem Kontext dieser Arbeit passen. Der Suchkreis wurde daher auf die Wortgruppensuche eingeschränkt. Abb. 3.4 zeigt die Trefferraten der trunkierten Wortgruppensuche. Hiernach ergibt sich ein überschaubares

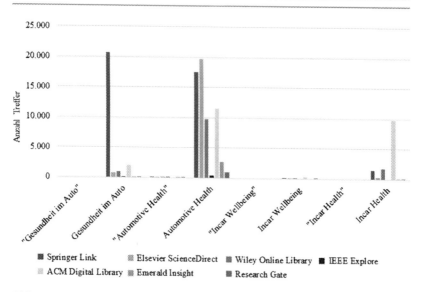

Abb. 3.3 Trefferraten im Deep Web bzw. Onlineliteraturdatenbanken

Bild der Rechercheergebnisse. Die trunkierte Recherche hat den Nachteil, dass ebenfalls Ergebnisse mit Trennzeichen zwischen zwei Wörtern ausgegeben werden. Die Treffer gemäß Abb. 3.4 enthalten somit weiterhin Artikel, die nicht inhaltlich im Kontext dieser Ausarbeitung stehen.

Die trunkierte Wortgruppensuche im Deep Web zeigt verhältnismäßig zur Webrecherche geringe Trefferquoten (siehe Abb. 3.5). Einzig der Begriff Automotive Health führt zu Treffern, dominierend hierbei ist Springerlink, Elsevier und Research Gate. IEEE und Emerald repräsentieren ebenfalls eine nicht zu vernachlässigende Anzahl an Treffern. Trotz der verhältnismäßig überschaubaren Trefferstatistik, führt die Deep Web Recherche zu keiner adäquaten Literatur im Verständniskontext der Automotive Health.

Im Zuge der Erstellung der systematischen Übersichtsarbeit, wurden die Suchtreffer sondiert und einzeln selektiert. Bei der Webrecherche wurden jeweils die ersten 10 Seiten mit jeweils 10 Treffern gesichtet. Anschließend wurde ein Review der Artikel durchgeführt. Publikationen, die nicht im inhaltlichen Kontext mit dieser Ausarbeitung standen, wurden ausgeschlossen. Die inhaltlich stimmigen Publikationen, wurden sichergestellt und protokolliert. Dieser Prozess umfasst die Sicherstellung von 72 Publikationen, die für die Ausarbeitung zu Grunde gelegt wurden (siehe Anhang 1). Abb. 3.6 zeigt die Anzahlverteilung des

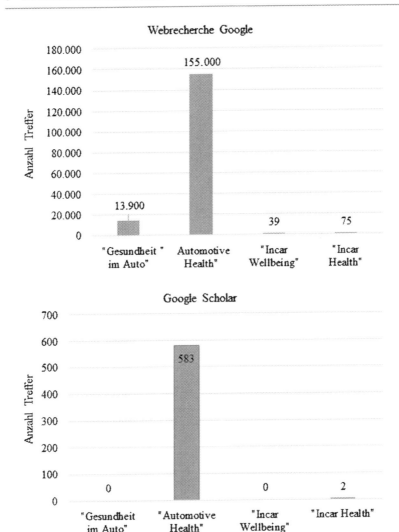

Abb. 3.4 Trefferraten trunkierte Literaturrecherche

systematischen Reviews der Literatur nach ihrer Publikationsform. Der Anteil an Presse/News-Publikationen beläuft sich auf 61 %. Viele Presse-Artikel behandeln hauptsächlich die Marketing-Arbeit der Audi FitDriver Funktionen im Zeitraum

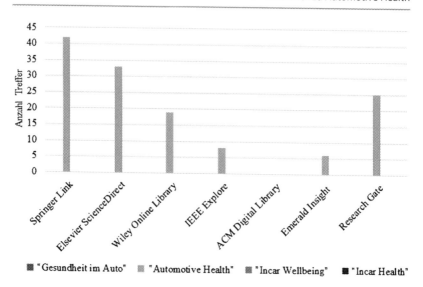

Abb. 3.5   Trefferquoten trunkierte Recherche im Deep Web

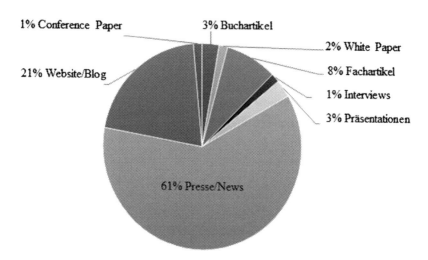

Abb. 3.6   Verteilung des systematischen Reviews nach Publikationsart

2016 (zu den Audi FitDriver Funktionen siehe Abschn. 3.3). Zudem liegt der Anteil an Website/Blog-Publikationen bei 21 %. Im Vergleich zu diesen beiden Kategorien liegen die Anteile für die Kategorien Buchartikel, White Paper, Fachartikel, Interviews und Präsentationen bei insgesamt 18 %. Es zeigt sich, dass die systematische Übersichtsarbeit überwiegend von Presse/News- und Website/Blog-Artikeln belastet ist. Dennoch, bei den Presse/News-Artikeln handelt es sich um Publikationen von Automobilherstellern, die einen guten Beitrag auf dem Gebiet der Automotive Health liefern.

Die Kategorie Website/Blog umfasst Artikel von Experten auf dem Gebiet der Automotive Health. Die Blogs von Julian Weinert zeigen beispielsweise überaus interessante Ansichten und Vorstellungen im Zuge der zukünftigen Entwicklung von Automotive Health.[1] Stefan Lummer publiziert mit dem Fachartikel ‚Automotive Health – Rolling Phones' ein überaus interessanten Fachartikel, das ebenfalls wertvolle Informationen bereitstellt.[2] Im Rahmen der Forschung und Entwicklungsarbeit bei Ford, präsentieren beispielsweise die Publikationen von Yifan Chen et al. diverse realisierbare und zukunftsorientierte Konzepte der Automotive Health unter den Stichwörtern In-Vehicle Health und Incar Health auf.[3]

Zeitliche Einordnung der Publikationen nach Suchbegriffen

Abb. 3.7 zeigt die Verteilung der Publikationen nach Veröffentlichungszeitraum. Gemäß Literaturrecherche erscheint der Begriff der Automotive Health nach dem hier zugrunde gelegten Verständnis erstmalig 2007 in einem Frost & Sullivan Newsbeitrag.[4] In diesem Beitrag beschreibt Cavin eine Trendankündigung unter dem Oberbegriff Automotive Health and Wellness. Hiernach sollen Gesundheits- und Wellnessdienste im Automotive-Bereich zukünftig ein signifikant wettbewerbsfähiges Unterscheidungsmerkmal darstellen.

Das Review der Literatur zeigt den Forschungs- und Entwicklungsbeginn durch Ford unter den Begriffen Incar-Health (bzw. In-Vehicle Health) und Incar Wellbeing ab dem Jahr 2010. Gusikhin et al. publizieren im Jahr 2010 die Ford EDAS-Architektur, welche auf Basis eines virtuellen Assistenten (vergleichbar mit Amazons Alexa, Apples Siri etc.), digitaler Vernetzung und cloudbasierten

---

[1]Vgl. Weinert, J. (2016a, o. S.) und Weinert, J. (2016b, o. S.).
[2]Vgl. Lummer, S. (2017, o. S.).
[3]Vgl. Chen, Y. et al. (2016, o. S.).
[4]Vgl. Cavin, R. (2007, o. S.).

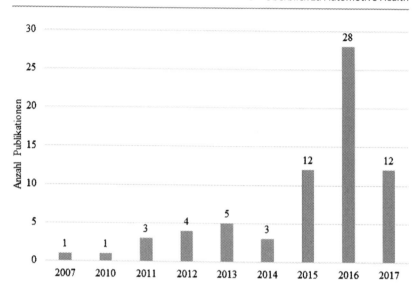

Abb. 3.7 Verteilung der Publikationen nach Jahr der Veröffentlichung

digitalen Diensten aufsetzt.[5] Hierbei war das Ziel der EDAS-Architektur u. a. neben diversen Infotainment-Services ebenfalls Gesundheits- und Wellness-dienste im Ford SYNC System anzubieten. Im gleichen Zeitraum startete zudem BMW unter dem Oberbegriff Wellbeing in the car, die Forschung und Ent-wicklung. Diese Publikation ermittelt acht psychologische Anforderungen im Zusammenhang mit einem Fahrerlebnis der Incar-Wellbeing: Verbundenheit, Popularität, Kompetenz, Stimulation, Bedeutsames Bewahren, Autonomie, Kör-perlichkeit und Sicherheit.[6] Im gleichen Zeitraum annonciert Toyota die Herz-überwachung per EKG über im Lenkrad eingebaute Sensoren.[7] Diese Erfindung soll u. a. neben der Überwachung von Vitaldaten, in kritischen Situationen (z. B. bei Herzinfarkt etc.) Maßnahmen zur Prävention katastrophaler Verkehrsunfälle ergreifen. Die jährlich in Salzburg stattfindende Automotive UI listet erstmalig in ihrer Agenda im Jahr 2011, den Einzug von biometrischen und physiologi-schen Sensoren ins Automobil. Son und Park präsentieren beispielsweise einen

---

[5]Vgl. Gusikhin, O. et al. (2010, S. 21 ff.).
[6]Vgl. Laschke, M. et al. (2011, o. S.).
[7]Vgl. Hines, M. (2011, o. S.).

Algorithmus, welcher den Fahrstil eines Fahrers auf Basis von physiologischer Daten einschätzt.[8] Diese kognitive Einschätzung erfolgt auf die Variation der Lenkung sowie zweier physiologischer Signale, die Herzfrequenz und die elektrodermale Aktivität des Gesichts. Zeitgleich präsentieren Kun et al. eine Methodik zur Messung der Pupillengröße im Zusammenhang mit der Erkennung der Aufmerksamkeit des Fahrers. Diese soll u. a. im Rahmen der Gesichtserkennung präventiv gegen kritische Situationen (z. B. Müdigkeit etc.) eingesetzt werden.[9] Im Jahr 2012 publiziert Ford die Kooperation mit Microsoft u. a. zur Entwicklung einer Technologie unter der Aufschrift „Doctor in Your Car". Hierbei geht es um die Forcierung der Gesundheitsüberwachungs-Technologien im Ford SYNC System.[10] In den Jahren 2013 bis 2015 ziehen ebenfalls die Automobilhersteller Kia, Nissan, c u. a. mit anderen Mechanismen des Health Monitorings, wie z. B. Erkennung und Überwachung von Vitaldaten, Stress, Müdigkeit, Emotionen und Schläfrigkeit per Sensoren, Kameras und Wearables nach. Die hohe Anzahl an Publikationen im Jahr 2016 resultiert aus der intensiven Marketing- und Pressearbeit der Audi AG. In Kooperation mit dem Flying Health Incubator wird das Thema Automotive Health torpediert. In Kooperation mit dem Flying Health Incubator stellt Audi beispielsweise unter der Aufschrift „My car cares for me", das Audi FitDriver Konzept vor.[11] Auch Daimler präsentiert diverse neue Technologien der Gesundheitsüberwachung. Weinert zeigt einige futuristische Beispiele unter der Überschrift „Automotive Health 2.0" auf.[12] Ein Überblick der Automotive Health Technologien wird im Abschn. 3.3 wiedergegeben.

3.1 Automotive Health Definition

Das Themengebiet Automotive Health ist in der Fachliteratur wenig bis kaum behandelt. Eine konkrete oder eindeutige Definition zu diesem Trendbegriff ist daher nicht zu finden. Weinert beschreibt eine eigene Definition über Automotive Health wie folgt: „'Automotive Health' is a synonym for all kind of efforts – via services or products – that support a healthier way of living, provide support for

---

[8]Vgl. Son, J. und Park, M. (2011, S. 142 ff.).
[9]Vgl. Kun, A. L. et al. (2011, S. 137 ff.).
[10]Vgl. Digital Health Summit (2012, o. S.).
[11]Vgl. Drechsel, M. (2016, o. S.).
[12]Vgl. Weinert, J. (2016, o. S.).

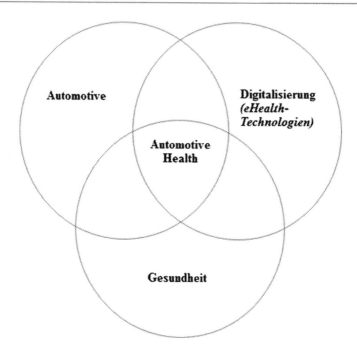

Abb. 3.8 Automotive Health Definition

wellbeing or even help in diagnostic or therapeutic processes, where automobiles are included."[13]

Bei der Betrachtung des Begriffes, lässt sich feststellen, dass es sich hierbei um ein Konglomerat aus drei Themengebieten handelt (siehe Abb. 3.8), wobei das Thema Gesundheit alle Bereiche eines jeden Individuums betrifft. Im Allgemeinen wurde bislang das Automobil vorrangig zur schnellen und sicheren Überbrückung einer Distanz genutzt. Das Thema Gesundheit kam dabei zu kurz, außer wenn es darum ging das Überleben oder den Schutz von Individuen z. B. in einer Unfall-situation zu sichern. Somit ist an dieser Stelle ein Kriterium aus dem Bereich der Automotive Health genannt. Um ein Verständnis über die Begriffszusammensetzung zu erfassen, empfiehlt es sich zunächst die drei Bereiche unabhängig voneinander

---

[13]Weinert, J. (2016a, o. S.).

zu interpretieren. Dabei umfasst der Bereich Automotive im Allgemeinen, die Summe aller Fortbewegungsmittel von Individuen, wie beispielsweise die Automobilität u. a. Fortbewegungsmittel auf Landwegen. Im weitesten Sinne gehören dazu ebenfalls Fortbewegungsmittel über Luft. Hinsichtlich der Transformation des Automobils zum Luftfahrzeug existieren aktuell einige zukunftsweisende Forschungsprojekte.[14] Der Begriff Health umfasst die Summe aller Maßnahmen zur Erhaltung, Wiederherstellung und Stärkung der Gesundheit eines jeden Individuums. Health ist hierbei nicht nur als biomedizinisches Modell, i. S. der Abwesenheit von Krankheit zu verstehen, sondern vielmehr als biopsychosoziales Modell. Krankheit versteht sich daher als ein Wechselspiel zwischen biologischen, psychologischen und sozialen Faktoren.[15] Der Begriff Health Technologies umfasst grundsätzlich alle Informations- und Kommunikationstechnologien des Gesundheitswesens. Dies wird u. a. seit 2016 seitens der Gesetzgebung unter dem Begriff eHealth zusammengefasst. Zum Aufbau eines Verständnisses über Health Technologies kann in diesem Rahmen der Definitionsansatz des äquivalenten Begriffs Digital Health nach Sonnier herangezogen werden: „Digital health is the convergence of the digital and genomic revolutions with health, healthcare, living, and society. As we are seeing and experiencing, digital health is empowering us to better track, manage, and improve our own and our family's health, live better, more productive lives, and improve society."[16] Dieses Digital Health Verständnis kann äquivalent auf den Bereich der Automotive Health projiziert und angewandt werden. Ein Verständnis hierüber kann nun wie folgt formuliert werden.

Automotive Health ist die Konvergenz der digitalen und genomischen Revolutionen mit der Gesundheit, dem Gesundheitswesen, den automotiven Fortbewegungsmitteln, das Leben und der Gesellschaft. Im Rahmen der Mobilität befähigt uns die Automotive Health, unsere eigene Gesundheit und die unserer Familien besser zu verfolgen, zu verwalten, zu verbessern, besser zu leben, ein produktiveres Leben zu führen und unsere Gesellschaft zu verbessern.

Glanz beschreibt mit dem Begriff IncarWellbeing ein verwandtes Thema zum Automotive Health, wobei dieses eine Teilmenge darstellt.[17] Automotive Health umfasst dabei viel mehr Gesundheitsmechanismen als lediglich dafür zu sorgen, dass sich die Insassen eines Automobils wohlfühlen.

---

[14]Vgl. Aeromobil (2017, o. S.).
[15]Vgl. Knoll, N. et al. (2013).
[16]Sonnier, P. (2017, o. S.).
[17]Vgl. Glanz, A. (2017, S. 1).

3.1.1 Definition eHealth Begriff

Das Thema eHealth fand in der letzten Dekade eine signifikante Beachtung und Bedeutung weltweit.[18] Aufgrund der signifikant starken Frequentierung des Begriffs starteten Showell und Nohr den Versuch, eine Definition des eHealth-Begriffs mithilfe eines Literaturreviews zu finden und stellten dabei fest, dass keine nützliche bzw. brauchbare eHealth-Definition existiert. Demnach existieren viele Definitionsversuche, die zum einen nicht eindeutig sind und zum anderen unvollständig. Nach Showell und Nohr würde in den untersuchten Definitionsversuchen zum Teil das Objekt jedoch ohne Beispiele beschrieben und umgekehrt. In anderen Beschreibungen würden lediglich Beispiele und Prozesse von eHealth aufgezeigt.[19] Trotz einer fehlenden einheitlichen bzw. standardisierten Definition wird für diese Ausarbeitung das Verständnis der EU-Kommission über die eHealth Strategie ausgelegt.

„Elektronische Gesundheitsdienste (eHealth):

- bezieht sich auf Hilfsmittel und Dienstleistungen, bei denen Informations- und Kommunikationstechnologien (IKT) zum Einsatz kommen, die Vorbeugung, Diagnose, Behandlung, Überwachung und Verwaltung vereinfachen können,
- dienen allen, indem sie Zugänglichkeit und Qualität der Behandlungen verbessern und den Gesundheitssektor effizienter machen,
- umfassen Informationen und Datenaustausch zwischen Patienten und Gesundheitsdiensten, Krankenhäusern, Beschäftigten im Gesundheitsbereich sowie Informationsnetzen zum Thema Gesundheit. Außerdem gehören dazu elektronische Patientenbefunde, Telemedizin-Dienste, tragbare Geräte zur Überwachung von Patienten, Software für Operationssäle, Operationsroboter, Grundlagenforschung am virtuellen physiologischen Menschen."[20]

Im Vergleich zum Verständnis- und Definitionsansatz der EU-Kommission ordnet die Bundesregierung/Politik die Begriffe eHealth, mHealth und Telemedizin der digitalen Gesundheitswirtschaft zu. Aus der beauftragten Studie des Bundesministeriums für Wirtschaft und Energie über die Ökonomische Bestandsaufnahme und Potenzialanalyse der digitalen Gesundheitswirtschaft, kann folgendes Verständnis zu dem Begriff wiedergegeben werden.

---

[18]Vgl. Showell, C. und Nohr, C. (2012, S. 881).
[19]Vgl. Showell, C. und Nohr, C. (2012, S. 882 f.).
[20]Europäische Kommission (2017, o. S.).

„Die Digitale Gesundheitswirtschaft umfasst jeglichen Einsatz von IKT im Gesundheitswesen (unabhängig eines direkten oder indirekten Gesundheitsbezuges) und die Vernetzung von Marktakteuren mittels IKT. Dabei beinhaltet die DGW alle Anwendungen in den Anwendungsfeldern eHealth, mHealth, Telemedizin und Gesundheitstelematik."[21]

Der direkte Vergleich dieser Definition zum Erklärungsansatz der eHealth-Strategie zeigt gewisse Differenzen in der Auslegung auf. Diese unterscheiden sich hauptsächlich zum einen in der technologischen und zum anderen in der monetären bzw. finanziellen (Wirtschaftszweig) Auslegung.

3.1.2 Definition des mHealth Begriffs

mHealth wird als Teilmenge des eHealth-Begriffes gesehen. Konträr zum eHealth-Begriff existiert jedoch auch hier keine standardisierte Definition. Die HIMSS beispielsweise referenziert gleich auf sechs namhafte Organisationen, die unterschiedliche Formulierungen in ihren Definitionen verwenden.[22] Einige dieser Definition sind in Teilen unzutreffend und können missverständlich interpretiert werden. Die mHealth Aliance formuliert beispielsweise folgenden einleitenden Definitionsansatz: „mHealth stands for mobile-based or mobile-enhanced solutions that deliver health."[23] Hierbei liegt die Suggestion nahe, dass der Gesundheitszustand zugunsten der Verbesserung der Gesundheit ermöglicht wird. An dieser Stelle sei angemerkt, dass mHealth-Lösungen i. d. R. lediglich Messungen durchführen und diese Informationen an eine Datensenke kommunizieren. Der Gesundheitszustand eines Individuums wird erst durch einen Wirkstoff, eine Therapiemaßnahme, Sport, Ernährung u. a. verbessert oder aber auch ggf. verschlechtert. Die verschiedenen Definitionen zeigen die fehlende Bemühung, einen einheitlichen Konsens zu finden. Für diese Ausarbeitung gehen wir von der mHealth der WHO-Definition aus, die wie folgt zitiert werden kann:

„MHealth is a component of eHealth. To date, no standardized definition of mHealth has been established. For the purposes of the survey, the Global Observatory for eHealth (GOe) defined mHealth or mobile health as medical and

---

[21]WIFOR (2016, S. 29 f.).

[22]Vgl. HIMSS (2012, o. S.).

[23]mHealth Aliance zitiert nach HIMSS (2012, o. S.).

public health practice supported by mobile devices, such as mobile phones, patient monitoring devices, personal digital assistants (PDAs), and other wireless devices."[24]

Einschränkend ist zu erwähnen, dass die WHO-Definition lediglich Beispiele der mobilen Technologien aufführt, die zu den technischen Merkmalen oder Voraussetzungen bzw. Apparaturen zusammengefasst werden. Ein weiteres Merkmal liegt in völlig neuartigen Kommunikationsmethoden zwischen den verschiedenen Akteuren des Gesundheitswesens.

3.1.3 Abgrenzung zu Automotive Health and Safety

Gemäß oben aufgeführter Definition ist Automotive Health die Anwendung von eHealth Technologien, im Bereich der Automobilität verstanden. Die Literaturrecherche liefert aufgrund der Reihenfolge der Wortbildung, in Gänze ein anderes bereits gebrauchtes Verständnis über Automotive Health und ein erweitertes Verständnis des Konstrukts Automotive Health and Safety. Hier wird zum Teil ein technisch funktionierendes Auto, i. S. ein gesundes Auto, verstanden. Andererseits werden hierunter Mechanismen verstanden, welche die Sicherheit des Menschen in einem Automobil sicherstellen.[25]

3.2   Konzepte der Automotive Health

Ausgehend von der Metaanalyse zum Thema Automotive Health konnten zahlreiche Gesundheitsanwendungen identifiziert werden. Im Rahmen der Protokollierung wurde jeweils der Anwendungszweck extrahiert und generalisiert. Dabei bewegen sich die beschriebenen Gesundheitsanwendungen in einem Kontinuum zwischen Schutz des menschlichen Lebens, Diagnostik und Gesundheitsüberwachung, Gesundheitsförderung und Prävention bis hin zu mentaler Förderung und Verbesserung. Die Generalisierung der extrahierten Texte ergeben somit folgende Ebenen der Automotive Health (Abb. 3.9).

---

[24]WHO (2011, S. 6).
[25]Vgl. Hynd, D. et al. (2015, o. S).

Abb. 3.9 Gesundheitsebenen der Automotive Health

3.2.1   Konzepte zum Schutz von Individuen

Die erste Gesundheitsebene der Automotive Health umfasst alle Maßnahmen und Technologien zum Schutz von Individuen im gesamten Bereich der Automotive Mobility (siehe Abschn. 3.2). Dabei geht es primär um die Abwendung von Gefahrensituationen und die Sicherstellung der Unversehrtheit von Leben generell aber auch besonders in kritischen Situationen (z. B. Abwendung von Unfallsituationen etc.). Die Statistik weist 369.242 Unfälle im Jahr 2016 auf, die diverse Ursachen haben.[26] Auch wenn die Mortalität nach Verkehrsunfällen über die Jahre gesehen rückläufig ist, erlitten im Jahr 2016 etwa 3214 den Unfalltod.[27] Die Analyse der hier zu Grunde gelegten Literatur ergab, dass dem Schutz von Individuen eine sehr hohe Priorität eingeräumt wird. Dabei sehen viele Autoren die Erfüllung dieses Kriteriums in der Transformation zum autonom fahrenden Fahrzeug. Hierdurch würden sich sämtliche Nachteile, die sich durch die Schwachstelle Mensch am Steuer ergeben, entfallen.

---

[26]Vgl. DESTATIS (2017b, o. S.).
[27]Vgl. DESTATIS (2017c, o. S.).

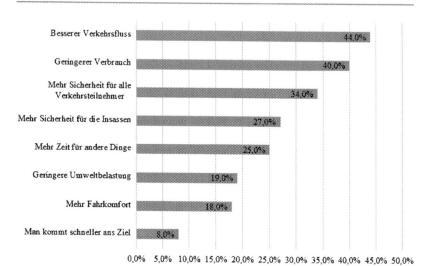

Abb. 3.10 Vorteile von autonomen Fahrzeugen in Deutschland 2017 (Vgl. Berg, A. 2017, S. 3, eigene Darstellung)

Die Ansicht des Sicherheitsaspekts für die Insassen eines Autos teilen ebenfalls 27 % der Befragten (Population n = 1006) einer Bitkom Umfrage zu den Vorteilen von autonom fahrenden Fahrzeugen in Deutschland. 34 % der Befragten gaben zudem an, es würde zu mehr Sicherheit gegenüber allen Verkehrsteilnehmern führen. Neben dem Aspekt der Sicherheit werden die Vorteile eines besseren Verkehrsflusses, geringer Verbrauch, mehr Zeit für andere Dinge, geringere Umweltbelastung, mehr Fahrkomfort und die schnellere Ankunft am Ziel angegeben (siehe Abb. 3.10).

Das autonome Fahren ist als ein disruptives Geschäftsmodell anzusehen, welches die Mobilität grundlegend verändert. Die Technologie steht bereits in Form von Konzeptfahrzeugen vor der Realisierung. Lummer beschreibt beispielsweise ein Konzeptfahrzeug, dass in der Lage ist dem Fußgänger optisch zu signalisieren, dass dieser gesehen wurde.[28] Im Gegensatz zum autonomen Fahren beschreiben die Autoren andere Konzepte der Sicherheit und Schutz von Individuen, die auf dem aktuellen Modell der Mobilität aufsetzen. Die Generalisierung entsprechender Textstellen der Metaanalyse ergab diverse Kriterien und Technologien zum Schutz von Individuen konträr zum autonomen Fahren (siehe Tab. 3.1).

---

[28]Vgl. Lummer, S. (2017, o. S.).

Tab. 3.1 Automotive Health Kriterien zum Schutz von Individuen

Kriterium	Technologie
Ermittlung von Informationen über den Fahrstil, die Atemfrequenz sowie Umweltdaten wie Wetter- und Verkehrsbedingungen	Sensoren
Einleitung eines Notstopp in Extremsituationen (Safety Auto Pilot) sowie Absetzen eines Notrufs mit dem eCall System (z. B. Notfallkommunikation von Auto zu Auto, Auto zu Notrufstelle oder qualifizierten Rettungsdienst)	Sensoren
Tracking von Müdigkeit, Schläfrigkeitsanzeichen, Verfall in Schläfrigkeit	Bluetooth-Stirnband – Messung von Gehirnwellen, Lenkrad Sensorik (Variabilität, EKG), Pedalvibrierung, Eye-Tracking-System (Kameras)
Erkennung von Herzfehler aufgrund Herzfrequenzvariabilität, Erkennung von Drogeneinfluss	Sensorik (Vitaldatenüberwachung), Bluetooth-Stirnband – Messung von Gehirnwellen, Lenkrad Sensorik (Variabilität, EKG), Pedalvibrierung, Eye-Tracking-System (Kameras)
Erkennung von Notfallsituationen (Ernsthafte Erkrankungen z. B. Schlaganfall)	Sensorik (Vitaldatenüberwachung), Bluetooth-Stirnband – Messung von Gehirnwellen, Lenkrad Sensorik (Variabilität, EKG), Pedalvibrierung, Eye-Tracking-System (Kameras)
Erkennung von Ablenkungen des Fahrers	Lenkrad Sensorik (Variabilität, EKG), Pedalvibrierung
Stresslevelmessung	Biometrischer Autositz mit eingebauten Sensoren
Emotionserkennung, Gesichtserkennung (Angst, Aggressionen)	Kameras, Sensoren
Erhöhung der Sichtbarkeit von schlecht beleuchteten Bereichen	Kameras, Sensoren

Abschn. 3.3 gibt einen Überblick über die Automotive Health Technologien wieder, die im Zusammenhang mit dem Schutz von Individuen erforscht und entwickelt werden.

3.2.2 Konzepte der Gesundheitsdiagnostik

Die zweite Ebene umfasst sämtliche diagnostische Anwendungen bzw. Szenarien der Gesundheitsüberwachung.

- Messung und Darstellung der Blutdruckwerte und/oder des Blutzuckerspiegels
- EKG Messungen
- Überwachung von Asthma/Allergien
- Erfassung, Darstellung und Analyse der Vitaldaten
- etc.

Im Rahmen des Connected Cars können die Anwendungen der zweiten Ebene um Telehealth Services erweitert werden. Dabei übernimmt das Automobil die Speicherung, Überwachung und Kommunikation von Gesundheitsdaten. Die Kommunikation der Daten kann dabei an ein Gesundheitszentrum (z. B. Kardiologiezentrum etc.) über standardisierte Schnittstellen erfolgen. In diesen Zentren kann eine Realtime-Analyse der Gesundheitsdaten erfolgen und hierzu ein Befund erstellt und über standardisierte Schnittstellen zurück kommuniziert wird. Die Kommunikation kann beispielsweise auf bereits existierender Standards aus dem medizinischen Umfeld erfolgen, z. B. HL7, DICOM, IHE u. a. Alternativ existieren Szenarien der Kopplung mit einer Blockchain (z. B. IBM Watson) welches die Daten automatisiert analysiert und den Insassen eines Automobils Feedback gibt.

Ein wesentliches Merkmal der Automotive Health ist die Identifikation bzw. Früherkennung von Erkrankungen der Insassen eines Automobils. Weinert verweist auf eine einheitliche Messumgebung in einem Fahrzeug, die die Früherkennung von Krankheiten ermöglicht. In diesem Zusammenhang bestehen bereits technische Vorrichtungen, die diverse Krebsmarker oder Erkrankungsindikatoren beispielsweise über die Atemgasanlage identifizieren.[29] Dieses Kapitel gibt im Rahmen des systematischen Reviews, einen Überblick über Möglichkeiten der Messung und Diagnose sowie der Überwachung von Erkrankungen.

Stoffwechseldiagnostik über die Atemgasanalyse
Unter dem Stoffwechsel-Begriff (auch Metabolismus genannt) wir im Allgemeinen die chemische Umwandlung von Stoffen und deren Abtransport in einem

---

[29]Weinert, J. (2017, o. S.).

Organismus verstanden. Elementar für den Stoffwechsel sind die sogenannten Enzyme, die eine Katalyse chemischer Reaktionen ermöglichen.[30]

Bei dem chemischen Umwandlungsprozess entstehen Zwischenprodukte (sogenannte Metaboliten) oder auch Endprodukte, die über die Atmung an die Umgebung abgegeben werden. Eine zentrale Fragestellung des Metabolismus ist die Effektivität des Stoffwechsels. Grundsätzlich gilt: „Je effektiver der Organismus aus Nahrung und Sauerstoff Energie produzieren kann, umso gesünder ist der Mensch."[31] Auf Basis einer Sauerstoffanalyse/-verwertung (Ruheumsatzmessung) kann ein individuelles und zuverlässiges Stoffwechselprofil ermittelt werden. Nach einem ähnlichen Verfahren, wie die Untersuchung der Abgase bei einem Auto und genaue Messung der sauberen Verbrennung und dem Ausstoß der Schadstoffe, ließe sich über die Atemgasanalyse die Atemluft von Individuen genau ermitteln.

Solche Messergebnisse ermöglichen beispielsweise Aussagen über folgende Stoffwechseleigenschaften:

- „Wie gut ist die Stoffwechselqualität?
- Wie hoch ist die Zucker- und Fettverbrennung?
- Wie viele Fettkalorien werden täglich verbrannt?
- Wie viel Sauerstoff nutzen die Zellen?
- Wo liegen die Ursachen von Leistungstiefs?
- Wie hoch ist die metabolische Säurelast?
- Besteht ein Risiko für Diabetes?"[32]

Biofeedback Diagnostik und Therapie

Ein weiteres Einsatzszenario der Automotive Health ist die Integration der Biofeedback Diagnostik. Kröner-Herwig et al. beschreibt Biofeedback als eine therapeutische Intervention, die es ermöglicht physiologische Funktionen besser wahrzunehmen und zu kontrollieren.[33] Müller, Kringler, Schlossbauer definieren den Begriff wie folgt: „Mit Biofeedback (engl.: Rückmeldung biologischer Signale) wird ein wissenschaftlich fundiertes Verfahren bezeichnet, bei dem körperliche Prozesse, die nicht oder nur ungenau wahrgenommen werden, rückgemeldet

---

[30]Vgl. Pauling, L. et al. (1971, S. 2374 ff.).

[31]Vgl. DG-ES (2017, o. S.).

[32]DG-ES (2017, S. 2).

[33]Vgl. Kröner-Herwig, B. (2007, S. 565).

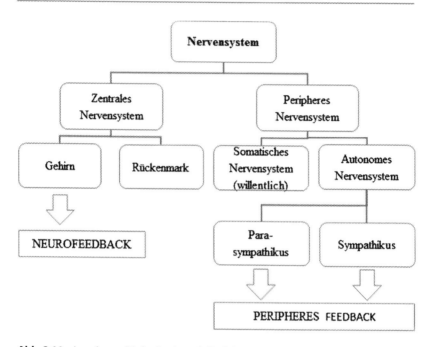

Abb. 3.11 Anordnung Biofeedback nach Peripheres und Neuro-Feedback (Eigene Darstellung in Anlehnung EEGinfo Europe 2017, o. S.)

und damit bewusst gemacht werden. Dabei werden die mit technischer Hilfe registrierten physiologischen Prozesse in grafischer oder akustischer Form dargestellt."[34]

Der ursprüngliche Gedanke des Biofeedback-Begriffes umfasst die Unterteilungen nach peripherem Feedback und Neurofeedback (siehe Abb. 3.11). Das periphere Feedback wird aktuell im engeren Sinne als Biofeedback gemäß oben aufgeführter Definition verstanden, die mit dem vegetativen Nervensystem zusammenhängen. Neurofeedback hingegen ist die Messung und Feedback von Gehirnaktivität (dem zentralen Nervensystem) z. B. übers EEG-Biofeedback.

Das Ziel der Biofeedback-Messverfahren ist es, den Nutzer auf ein besseres Gesundheitsbewusstsein zu erziehen bzw. zu schulen. Dieses Bewusstsein wird mittels Verstärker bzw. operanter Konditionierung erzielt. Die Einsatzszenarien

---

[34]Müller, G. et al. (2008, S. 4).

Tab. 3.2 Hauptanwendungen der Biofeedback Diagnostik und Therapie

Hauptanwendungen der Biofeedbackmethode	
Migräne	Spannungskopfschmerz
Verschiedene Arten chronischer Schmerzen (z. B. Rückenschmerzen)	Skoliose
Fokale Dystonien	Temporomandibuläre Störungen (z. B. Bruxismus)
Torticollis spasmodicus	Paresen
Inkontinenz	Stresserkrankungen
Hoher Blutdruck	Morbus Raynaud
Schlafstörungen	Phobien und Panikstörungen
Epilepsie	ADHS
Somatoforme Störungen	Erkrankungen des Verdauungssystems

der Biofeedbackmethodik sind vielfältig, z. B. in den Bereichen der Psychosomatik, Schmerztherapie, Psychologie, Rehabilitation von Muskeln etc. Tab. 3.2 zeigt die Hauptanwendungen der Biofeedback Diagnostik und Therapie.

Die Biofeedback Diagnostik erfolgt auf Basis diverser Methoden, z. B. Stresstests, Statisches EMG, Dynamisches EMG, Tragbare (bewegliche) EMG Vorrichtungen. Im Zusammenhang mit Automotive Health, können diverse Sensoren und eine integriertes EMG/EEG System die physiologischen Prozesse eines Individuums messen, überwachen und akustisch als auch visuell darstellen. Daraufhin können (Therapie-)Maßnahmen der Konditionierung u. a. eingeleitet werden.

Identifikation und Prävention von Krebserkrankungen (Early Detection of Cancer)

Ein weiteres Einsatzszenario der Automotive Health ist die frühzeitige Erkennung von Krebskrankheiten (engl. Early Detection of Cancer). Im Rahmen der Metaanalyse beschreibt Weinert diverse Krebsmarker, die beispielsweise über die Atemgasanlage identifiziert werden können.[35] In einem anderen Artikel über Automotive Health 2.0 weist Weinert auf die Lösungen der Deloitte Cancer xPrize hin, die sich konkret mit der Entwicklung von Innovationen zum Thema Krebserkennung auseinandersetzen.[36] Unter der Initiative „Cancer Moonshot"

---

[35]Weinert, J. (2017, o. S.).
[36]Vgl. Weinert, J. (2016, o. S.).

beschreibt Eastman auf Basis des Biden Reports, die hohe Priorisierung und Fokussierung auf die Krebsbekämpfung des Oval Office im Weißen Haus.[37] Die hohe Priorisierung resultiert aus weltweit steigenden und höchst besorgniserregenden Zahlen an Krebserkrankungen. Hierbei setzt man u. a. auf die Analyse der Gesundheitsdaten, um präventiv frühzeitig in der Krebsbekämpfung anzusetzen. Gemäß dem Report kommuniziert Biden 5 Säulen der Bekämpfung des globalen Anstiegs an Krebskrankheiten:

1. Weltweite Erhöhung der Fokussierung auf die Krebsprävention sowie Vereinfachung des Zugangs zur medizinischen Behandlung/Versorgung.
2. Erzielung gleicher internationaler Reaktionszeiten auf Krebserkrankungen mit dem gleichen Dringlichkeitsniveau wie bei ansteckenden Krankheitsbedrohungen (Epidemien).
3. Erhöhung der Forschung und Entwicklungsarbeit, Zugänglichkeit/Sharing von Patientendaten für Forscher, Forschungsinstitutionen, Stiftungen und Nationen.
4. Aufbau internationaler standardisierter Daten- und Biobanken, zwecks standardisiertem und einheitlichem Zugriff, Verteilung und Vergleich von Aufzeichnungen über Krebserkrankungen zwischen medizinischen Zentren weltweit.
5. Erhöhung der weltweiten staatlichen Investitionen in die Krebsforschung.[38]

Dieses Konzept des frühzeitigen Screenings auf Basis der Auswertung von Gesundheitsdaten ist von zentraler Bedeutung und wird weltweit ausgerollt. Gemäß dem WHO Guide To Cancer Early Diagnosis wird das Screening als ein regelmäßiger Prozess verstanden. Der aufgezeigte WHO Prozess (siehe Abb. 3.12) basiert auf einer Systematik, in der die Bevölkerung zum relevanten Programm eingeladen wird und sich dem Screening unterzieht. Ein solcher Prozess ist sicherlich mit vielen Nachteilen behaftet, z. B. Terminplanung, Aufwand, Teilnahmebereitschaft, Kontinuität etc. In der Wissenschaft existieren bereits mHealth Applikationen als auch Sensoren zur Erkennung von Krebserkrankungen. Die Anwendungsszenarien im Rahmen der Automotive Health sind vielfältig hinsichtlich eines regelmäßigen Screenings von Krebserkrankungen. Solche Messumgebungen ermöglichen eine kontinuierliche Generierung standardisierter Protokolle/Screeningbefunde im Zusammenhang mit der Krebsbekämpfung. Solche Daten können im Rahmen von Bidens 5 Säulen ohne Aufwand und in Echtzeit

---

[37]Vgl. Eastman, P. (2016, S. 20 f.).
[38]Vgl. Eastman, P. (2016, S. 21), eigene Übersetzung.

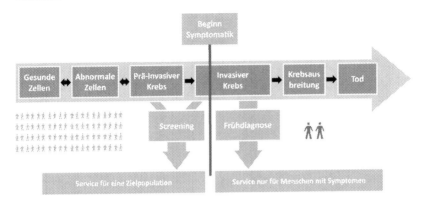

Abb. 3.12 WHO Prozess des Screenings (Eigene Darstellung in Anlehnung an WHO 2017, S. 9)

aggregiert werden und den Forschungsinstituten über zentrale Daten- und Biobanken bereitgestellt werden.

Genmaterialanalyse (DNA-Diagnostik)
Ein weiteres Anwendungsszenario der Automotive Health ist die Genmaterialanalyse. Weinert führt u. a. den Punkt der Analyse von Genmaterial von abgefallenen Hautschüppchen über die Umluftanlage des Fahrzeugs an.[39] Unabhängig von der Genealogie u. a. Einsatzzwecken, wie z. B. Kriminalistik etc., ist die Erbgutanalyse eine weitere hocheffiziente Erhebungsmethodik von Krankheitsrisiken u. a. Einflüsse auf die Gesundheit. Die Genanalyse ermöglicht Aussagen und Erkenntnisse über die eigene Gesundheitsverfassung, z. B. über erblich veranlagten Erkrankungen. Die prädiktive genetische Diagnostik ermöglicht Vorhersagen über Krankheiten bei gesunden Menschen, die sich mit einer Wahrscheinlichkeit aufgrund erblicher Veranlagung ergeben werden.[40] Darüber hinaus hat die DNA-Analyse einen präventiven Charakter.[41] Sie ermöglicht eine Spezialisierung der Diagnose und hilft dabei, dem Arzt die richtige Therapie einzuleiten und Maßnahmen der Gesundheitsvorsorge zu treffen. In der Krebsforschung leistet die

---

[39]Vgl. Weinert, J. (2017), Anlage 1, List.-Code 001_JUWE, Nr. 7.
[40]Vgl. Schmidtke, J. (1986, S. 212 f.).
[41]Vgl. Schmutzler, R.; Dietz, D.; Jöckel, K.-H. (2012), Seiten A-1371/B-1183/C-1163.

Genanalyse einen entscheidenden Beitrag. Die Entstehung gewisser Krankheiten, wie z. B. die Fettsucht, Diabetes oder Herz-Kreislauf-Erkrankungen wird auf seltene Genvariationen durch Genmutation zurückgeführt. In einer aufwendigen Studie dem 1000-Genom-Projekt sollen jene seltenen Genvarianten ausfindig gemacht werden, die für den Ausbruch von Krankheiten verantwortlich sind.[42] Anhand einer genetischen Analyse erlangt ein Mensch Erkenntnisse über den eigenen Gesundheitszustand, insbesondere unter welchen Einflussfaktoren und unter welchen Umweltbedingungen bestimmte Erkrankungen entstehen. Dieses Wissen führt zu einem gestärkten Bewusstsein und verantwortungsvollem Umgang mit der eigenen Gesundheit. Dadurch umfasst die genetische Analyse Programme und Ratgeber in Bezug auf die Ernährung, Lebensstil, Funktion und Auswirkungen von Körperaktivitäten, Verträglichkeit von bestimmten Substanzen etc. Im Bereich der Automotive Health bildet die Genanalyse ein weiteres Anwendungsgebiet.

Kardiovaskuläre Diagnostik und Vitaldatenüberwachung

Abb. 2.5 zeigt einen starken Anstieg von Herzinsuffizienz Erkrankungen bis zum Jahr 2020. Hiernach wird ein starker Anstieg der Herzinsuffizienz, Diabetes und Bluthochdruck Erkrankungen verzeichnet (siehe Abschn. 2.2). Ein weiterer großer Bereich der Automotive Health, welcher im Rahmen der Literaturrecherche ermittelt wurde, ist die Kardiovaskuläre Diagnostik und die Vitaldatenüberwachung. Hierbei werden diverse Einsatzszenarien bei chronisch kranken Patienten aufgezeigt. Lummer verweist auf die Anwendung der Messung und Darstellung von Blutdruckwerten und Werte des Blutzuckerspiegels.[43] Neben der Blutdruck- und Blutzuckermessung zeigt das TATA Elxi Paper weitere Anwendungsbereiche wie die Messung der Körpertemperatur und Vitaldaten.[44] Anhand der Vitaldatenüberwachung wird nicht nur der Gesundheitszustand angezeigt, es wird ebenfalls eine Einschätzung und Empfehlungen des medizinischen Zustands gegeben. Ein Anwendungsszenario ist z. B. die Erkennung von Abweichungen in den Vitalparametern, die zu Korrekturmaßnahmen hinsichtlich der Medikamenteneinnahme sowie Behandlungsempfehlungen bei chronisch kranken Patienten (z. B. Diabetes, Bluthochdruck etc.) eingesetzt werden können. Auf Basis der EKG-Messungen und Vitaldatenerfassung können im Rahmen von Gesundheitschecks gezielt Anzeichen von Herzrhythmusstörungen erfasst werden. Diese Messungen ermöglichen

---

[42]Vgl. The 1000 Genomes Project Consortium (2010, o. S.).

[43]Vgl. Lummer, S. (2017, o. S.).

[44]Vgl. Tata Elxi (2016, S. 5 ff.).

dadurch Rückschlüsse auf diverse Erkrankungen, wie z. B. koronare Herzkrankheiten, Anzeichen von Herzinfarkt, Durchblutungsstörungen, Störungen des Mineral- und Salzhaushaltes, Lungenerkrankungen und viele andere Erkrankungen.[45]

Diabetes (Tele-)Monitoring
Im Rahmen des Reviews der Literatur, konnten diverse Textstellen rundum das Thema Diabetes identifiziert werden. Wie bereits in Abschn. 2.2 aufgezeigt, wird bis zum Jahr 2020 ein Anstieg der Diabetes-Erkrankten von aktuell 9,3 auf 13,7 Mio. geschätzt. Das zeigt die dramatische Lage dieses Krankheitsbildes. Der Sammelbegriff des Krankheitsbildes Diabetes Mellitus umfasst Störungen des Stoffwechsels. Als Ursachen werden die gestörte Insulinsekretion oder eine gestörte Insulinwirkung oder auch beides in der Fachliteratur angegeben.[46] Im Allgemeinen wird nach dem Typ-1- und Typ-2-Diabetes unterschieden. Bei Ersterem handelt es sich um die β-Zellzerstörung das zu einem absoluten Insulinmangel führt. Bei Typ-2-Diabetes kann sich das Krankheitsbild von einer Insulinresistenz mit relativem Insulinmangel bis hin zu einem sekretorischen Defekt mit Insulinresistenz erstrecken. Kerner und Brückel beschreiben weitere Typen von Diabetes.[47] Im Bereich der Automotive Health beschreibt Weinert beispielsweise die Mechanismen zur Messung von Blutzuckerwerten bei chronischen Patienten.[48] Im Rahmen des Reviews der Literatur wird diesem Krankheitsbild eine große Bedeutung zugeschrieben. Alvarez beschreibt einen Autoalarm, welcher bei zu hohem Blutdruck schlägt.[49] König beschreibt in diesem Zusammenhang das Konzept des Diabetes-Monitorings.[50] Hierbei handelt sich um einen funkbasierten Insulinstift sowie ein Web-Portal, welches in der Lage ist, die Insulinwerte lückenlos zu dokumentieren. Das Portal fungiert dabei als voll automatisierte Telemonitoring-Plattform für Diabetiker.

Konzepte der Gesundheitsförderung und Prävention
Zuvor wurden einige Anwendungsszenarien der Gesundheitsdiagnostik rundum Automotive Health aufgezeigt. Dabei umfasst diese Ebene sämtliche Mechanismen der Erstellung von Diagnosen und Messung von Gesundheitsparametern.

---

[45]Vgl. Sommer, P. et al. (2010, S. 193–208).
[46]Vgl. Kerne, W. und Brückel, J. (2010, S. 109).
[47]Vgl. Kerne, W. und Brückel, J. (2010, S. 109).
[48]Vgl. Weinert, J.(2016, o. S.).
[49]Vgl. Alvarez, S. (2016, o. S.).
[50]Vgl. König, R. (2017, o. S.).

Die dritte Ebene umfasst sämtliche Automotive Health Anwendungen aus dem Bereich der Gesundheitsförderung und Prävention. Solche Anwendungsszenarien setzen beispielsweise auf den Messungen auf der zweiten Ebene auf.

- Schulungsprogramme und Empfehlungen zur Förderung und Prävention erkannter Anzeichen von Erkrankungen, z. B. Kaffeepausen nach langen Fahrten (Fahrtüchtigkeitsverhalten)
- Einleiten von Therapiemaßnahmen, z. B. Wirkstoffbestellung bei Onlineapotheken (z. B. DocMorris), Massagefunktionen im Autositz etc.
- Koordinierung von Maßnahmen, z. B. Terminplanung beim nächst gelegenen Facharztes, Empfehlungen und Navigation Fitnessstudio, Physiotherapie etc.

Im Rahmen des systematischen Reviews wurden einige Szenarien der Gesundheitsförderung und Prävention ermittelt.

Onlinesprechstunde mit dem Arzt im Auto

Im Zusammenhang mit dem Audi-Fit-Driver-Konzept verweist Matusiewicz auf die zukünftige Möglichkeit der Audi-Fahrer im Auto online die Sprechstunde mit dem Arzt wahrzunehmen.[51] Alvarez bestätigt dieses Szenario, wonach die Audi in Kooperation mit einem Unternehmen aus dem Flying Health Incubator, die Möglichkeit der Arzt-Patienten-Sprechstunde über eine digitale Plattform (z. B. per Videochat) ermöglicht. Demnach würden die An- und Abfahrten sowie Wartezeiten im Arztzimmer komplett entfallen.[52] In diesem Zusammenhang muss auf die Existenz des Fernbehandlungsverbots hingewiesen werden. Stüber beschreibt jedoch im Zusammenhang mit der steigenden Nachfrage nach eHealth-Technologien, die Bereitschaft einzelner Ärztekammer dieses Verbot aufzuweichen.[53] Ein solches Defizit zur Regulierung solcher eHealth-Möglichkeiten beschreibt Müschenich wie folgt: „Wenn der Gesetzgeber eine Ziffer für eine Online-Sprechstunde schafft, werden auch die Nutzer-Zahlen hochgehen. Aber der Treiber wird die erste Krankenkasse sein, die eine vernünftige Vergütung für digitale Themen zahlt."[54]

---

[51]Vgl. Matusiewicz, D. (2017, o. S.).
[52]Vgl. Alvarez, S. (2016, o. S.).
[53]Vgl. Stüber, J. (2017, o. S.).
[54]Müschenich, M. nach Lummer, S. (2017, S. 23).

Präventive Maßnahmen der Gesundheitsförderung
Zu den weiteren Konzepten der Gesundheitsförderung gehören diverse Präventionsmaßnahmen. Hierzu zählt beispielsweise, dass das Auto auf Basis diverser Sensoren (siehe Abschn. 3.3) die Vorzeichen von Erkrankungen erkennt und gesundheitsfördernde Maßnahmen einleitet. Das kann beispielsweise die Empfehlung des Besuchs eines Fitnessstudios am Zielort sein.[55] Andere Maßnahmen können auf Basis der beschriebenen Konzepte der Gesundheitsdiagnostik abgeleitet werden. Solche Maßnahmen können reine Empfehlungen aber auch rehabilitativ sein.

3.2.3 Konzepte der Mental Health

In Abschn. 2.3 wurde kurz im Zusammenhang mit dem sechsten Kondratieff-Zyklus, das somatopsychosoziale Wesen des Menschen beschrieben. Dabei ist die Gesundheit sowohl von sozialen als auch von psychologischen Faktoren abhängig. Die Maßnahmen der mentalen Förderung und Verbesserung haben zum Ziel, die mentale Gesundheit (Psychologie, geistige Verfassung) von Insassen eines Automobils zu verbessern. Audi formuliert das Ziel der Automotive Health Strategie wie folgt: „Mit "Audi Fit Driver" soll der Fahrer entspannter und fitter am Ziel ankommen als er eingestiegen ist."[56] Diese Ebene umfasst Anwendungen der Wellness, des Wohlfühlen und des Stressabbaus.

Die Automotive Health Konzepte der mentalen und emotionalen Verbesserung umfassen diverse Programme der mentalen und emotionalen Verbesserung. Dabei handelt es sich primär um Schulungsprogramme, die beispielsweise die Aufmerksamkeit erhöhen oder die Psychologie beeinflussen. Ersteres zielt auf die Prävention vor Verkehrsunfällen ab und ist im Rahmen des Schutzes von Individuen zu sehen. Hinsichtlich der Psychologie beschreibt beispielsweise Cavin diverse Parameter der Mental Health, die in diesen Bereich einfließen: Seele, spirituelle Attribute, Selbsterfüllung, soziale Verantwortung etc.[57] Zur Stärkung bzw. Verbesserung dieser Parameter unterstützen verschiedene Coaching Programme die Mentalität durch bestimmte Übungen. Andere Coaching Programme unterstützen bei bestimmten gesundheitsrelevanten Themen, z. B. Diabetes, etc.[58] Im Falle von

[55]Vgl. Fuchs, G. nach Lummer, S. (2017, S. 22).
[56]Vgl. Hanser Automotive (2017, o. S.).
[57]Vgl. Cavin, R. (2007, o. S.).
[58]Vgl. Guhlich, A. (2017, o. S.).

gestressten Autofahrern können Stressbewältigungsmaßnahmen durch Video Training eingeleitet werden. Dabei können Maßnahmen der Biofeedback-Therapie, z. B. Atemübungen durchgeführt werden. In diesem Zusammenhang beinhalten die Audi FitDriver Funktionen beispielsweise Maßnahmen zur Stressreduktion und Erhöhung der Konzentration durch die Anwendung verschiedener Methoden (siehe Abschn. 3.3.5).[59]

3.2.4　Sonstige Konzepte der Automotive Health

Im Rahmen des Reviews der Literatur wurden einige andere zukunftsorientierte Anwendungsszenarien der Automotive Health identifiziert. Weinert beschreibt hierzu diverse zukünftige Behandlungs- und Analyseverfahren.[60] Diesbezüglich sind nachfolgende Szenarien vorstellbar.

- Automatisierte Apotheke, die autonom nach Hause fährt.
- Autonom fahrende Behandlungszimmer mit Ärzten, die nach Hause gefahren kommen. Drohnen die automatisiert die richtigen Medikamente liefern.
- MRT oder Röntgengerät fährt völlig autonom nach Hause oder an den Ort wo es erforderlich ist.
- Autonom fahrende Krankenwagen, die nicht mehr ins Krankenhaus fahren müssen.
- Patienteneingriffe durch in Fahrzeug integrierte Roboter per Fernsteuerung.

Druck von Hilfsmaterial bzw. Behandlungsmaterial (z. B. Plastikschienen nach einem Unfall) durch in Fahrzeuge integrierte 3-D-Drucker und Scanner.

3.3　Automotive Health Technologien im Überblick

Die Automotive Health umfasst diverse Technologien die im Rahmen aufgeführter Gesundheitsebenen eingesetzt werden können. Viele Technologien befinden sich bereits in der Umsetzung, viele davon werden aktuell in Konzeptfahrzeugen erprobt und erforscht. Die meiste Literatur beschreibt den Einsatz von mHealth Technologien (z. B. Wearables, Smartwatch etc.) in Kombination mit eingebauter Sensorik im Fahrzeug.

---

[59]Vgl. Marsicano, D. (2016, o. S.).
[60]Vgl. Weinert, J. (2016, o. S.).

3.3.1 Technologien der Vitaldaten- und EKG Messung

Im Bereich der Vitaldaten und EKG Messung zeigt die Metaanalyse eine Reihe von innovativen Sensortechnologien, die sich aktuell in Entwicklung und Forschung befinden. Zu den innovativ führenden Technologien können die Forschungen der RWTH Aachen, Philips Medical Information Technology und der European Ford Research Group aufgeführt werden. Das Tata Elxi Paper führt einige Beispiele von integrierten und für den Menschen nicht wahrnehmbare Sensoren an, die zur EKG-Messung und Vitaldatenerfassung eingesetzt werden.[61] Oppermann beschreibt diverse Verfahren, die an der RWTH derzeit erforscht werden, Tab. 3.3 zeigt eine Übersicht kontaktfreier sowie vom Individuum kaum wahrnehmbare Technologien.[62]

Die Analyse der Literaturquellen zeigt u. a. den Einsatz des Autolenkrads anstelle von Wearables zur Erfassung einiger Vitalparameter. Grünweg beschreibt Möglichkeiten zur Messung des Pulses, der Körpertemperatur und der Handfeuchte über fest integrierte Biosensoren im Autolenkrad.[63] Guhlich verweist auf die Präsentation eines Konzeptautos (Daimler in Kooperation mit Philipps), dass in der Lage ist über das Lenkrad, die Vitaldaten zu messen und zu überwachen.[64] In Kooperation mit diversen Institutionen und Unternehmen (Frauenhofer, DAIMLER, etc.) hat sich die INSITEX zum Ziel gesetzt, Konzepte zur Überwachung des Müdigkeitszustandes (Vigilanzmessung) und weiterer Einflüsse auf die Fahrleistung (z. B. Stress, Aufmerksamkeit) zu erforschen und zu entwickeln.[65] Die Zielsetzung ist die erhebliche Verbesserung der Verkehrssicherheit im Straßenverkehr. Abb. 3.13 zeigt die Möglichkeit der Vigilanzmessung über das Lenkrad sowie den integrierten kapazitiven Sensoren im Autositz. Beim Autositz werden spezielle Textilien und Technologien eingesetzt, die die kontaktfreie Messung physiologischer Parameter (z. B. Herzrate, HRV, Hautimpedanz) ermöglicht.

Das Kriterium der Verkehrssicherheit würde durch autonom fahrende Fahrzeuge zukünftig entfallen.

---

[61]Tata Elxi (2016).

[62]Vgl. Oppermann, B. (2013, o. S.).

[63]Vgl. Grünweg, T. (2017, o. S.).

[64]Vgl. Guhlich, A. (2017, o. S.).

[65]Vgl. Heuer, S. und Wagner, M. (2017, o. S.).

Tab. 3.3 Überblick über Sensortechnologien in Forschung und Entwicklung

Messverfahren	Spezifikum	Bauform	Anwendungsbeispiel
Kapazitive Sensorik	Veränderung der elektrischen Kapazität eines einzelnen Kondensators oder eines Kondensatorsystems	In Autositzen, Lenkrad integriert	EKG Messung und Überwachung
Magnetimpedanz	Nutzung des elektromagnetischen Prinzips um Wirbelstrom im Kurzwellenbereich zu induzieren	In Stuhllehne, Autositzen integriert	Messung von Veränderungen der Leitfähigkeit des Lungen- und Herzgewebes Messung Frequenz und Volumen des Herzschlages sowie Frequenz und Tiefe der Atmung
Ballistokardiographie	Altes mechanisches Verfahren zur Erfassung ballistischer Kräfte des Herzens	Integriert in Betten oder Liegen	Messung Herzfrequenz – Nachweis winzigster Wellen des Blutflusses, die den Körper durchziehen
Wärmebildkamera		Frei integriert	Erfassung Atmungsfrequenz bei Überwachung von Frühgeborenen (konvektive Kühlung) Erfassung beginnender Sepsis einhergehende Temperatursteigerung im Körper – Frühzeitige Erkennung einer Blutvergiftung und dessen Behandlung
Pulsplethysmographie	Sättigungsbildkameras Auskunft über den Gewebezustand	Frei Integriert	Basis zur Erkennung Schmerz und Stress

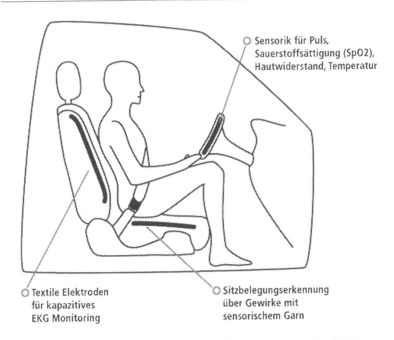

○ Sensorik für Puls,
Sauerstoffsättigung (SpO2),
Hautwiderstand, Temperatur

○ Textile Elektroden
für kapazitives
EKG Monitoring

○ Sitzbelegungserkennung
über Gewirke mit
sensorischem Garn

Abb. 3.13 Kapazitive Sensoren im Autositz und Vitalsensoren im Lenkrad (Entnommen aus INSITEX 2017, o. S.)

3.3.2 Technologien zum Schutz von Individuen

Die zuvor beschriebenen Technologien der Messung von Vitaldaten und EKG leisten einen entscheidenden Beitrag zum Schutz von Individuen im Verkehr. Hierbei spielt die Messung der Vitaldaten über das Lenkrad eine entscheidende Rolle. Das Review der Literatur weist zudem weitere Technologien auf, die zum Schutz von Individuen eingesetzt werden können. Mit Schutz von Individuen sind in diesem Zusammenhang die Erkennung von Müdigkeits-, Schläfrigkeits-anzeichen oder andere Aktivitäten der Unachtsamkeit im Straßenverkehr gemeint. Tab. 3.4 gibt einen Überblick über existierende Technologien zum Schutz von Individuen im Automotive Bereich.

Neben den aufgeführten Technologien ist Lexus zudem in der Lage mithilfe von Wearables Technologien (Jigsaw) den Herzschlag zu erfassen und diesen auf einer Elektrolumineszenz basierenden Außenbeschichtung (Destriau-Effekt) des

Tab. 3.4 Technologien zum Schutz von Individuen

Art der Technologie	Eigenschaft	Kommentar	Beispiel
Stirnband	Überwachung der Gehirnaktivität (Gehirnwellen)	Daten werden über Stirnband gesammelt, Skala von 0 bis 100, 0 bedeutet volle Aufmerksamkeit, 80 gefährliches Level der Müdigkeit – Pause erforderlich	Impecca Alert Band
Lenkradsensorik	Überwachung von Vitaldaten, z. B. Biorhythmus des Fahrers	Vitaldaten werden über eingebaute Sensoren im Lenkrad erfasst und analysiert. Das Jaguar Mind Sense reagiert mit Vibrationen im Lenkrad und Pedalen bei Erreichung eines Müdigkeitslevels	Kia Cub Concept, Jaguar Mind Sense, Toyota ECG steering wheel
Kameras	Systematik zur Gesichts- und Augenerkennung	Erkennung von Müdigkeits- und Schläfrigkeitsanzeichen durch Kameras, z. B. Größe der Augenpupille, Häufigkeit des Blinzens der Augen	Seeing Machines
Wearables	Erfassung biometrischer Daten, z. B. Herzfrequenzrate	Erkennung gefährlicher gesundheitlicher Anzeichen (Müdigkeit, Schläfrigkeit, drohender Herzinfarkt etc.)	Nissan Nismo Watch
Digitale Brille	Darstellung von Informationen in Form von Augmented Reality	Über eine digitale Brille werden Informationen virtuell in die Realität eingeblendet, Daten können beispielsweise über Sensoren erfasst werden. Technologie wird kritisch bewertet, in Großbritannien sogar verboten	Nissan E3 Augmented Reality Glasses

Fahrzeugs darzustellen.[66] Nach Lexus wird hiermit ein besonderes Fahrerlebnis beabsichtigt.

3.3.3 Technologien der Therapie, Gesundheitsförderung und Wellness

Glanz beschreibt diverse existierende Technologien, die im Rahmen der Therapie, Gesundheitsförderung und Wellness eingesetzt werden können. Hierzu gehört beispielsweise das Thermotronic System und das Air Balance Package, die in der Lage sind neben der Einstellung einer optimalen Klimaumgebung ebenfalls Staub, Pollen, Viren, Bakterien zu filtern und zu bekämpfen (Tab. 3.5).

3.3.4 Integration mobiler Technologien

Die Analyse der selektierten Literatur zeigt diverse Textstellen auf, die die Integration mobiler Technologien in die Automotive Health vorsehen. Das Audi FitDriver Konzept (siehe weiter unten) sieht beispielsweise die Kopplung bzw. Integration von Wearables, Smartphones u. a. mobilen Geräten vor.[67] McQuarrie beschreibt die Integration von Jawbone UP zur Überwachung diverser Gesundheitsparameter.[68] Im Straßenverkehr verfügt Jawbone UP neben der Überwachung der Gesundheit, diverse weitere Eigenschaften. In Form eines Coaches überwacht es z. B. Veränderungen des eigenen Körpers. Bezogen hierauf gibt die Technologie Anweisungen hinsichtlich der Fitness, Ernährung u. a. gesundheitsrelevante Empfehlungen. Darüber hinaus dient die Technologie als Motivator im Rahmen der Mental Health. Im Straßenverkehr kann Jawbone Müdigkeitsanzeichen, Herzrhythmusstörungen u. a. überwachen und daraufhin Anweisungen geben. Glanz und Bödeker führen in ihrem Whitepaper diverse Wearables, die gemäß Tab. 3.6 im Rahmen der Automotive Health eingesetzt werden können.[69]

---

[66]Vgl. Floyd, A. (2015, o. S.).
[67]Vgl. Drechsel, M. (2016, o. S.).
[68]Vgl. McQuarrie, L. (2015, o. S.).
[69]Vgl. Glanz, A. und Bödeker, F. (2016, S. 15–18).

Tab. 3.5 Überblick Technologien der Therapie, Gesundheitsförderung und Prävention

Technologie	Eigenschaften	Kommentar	Beispielanwendungen
Automatische Klimaregelung (AC)	Thermotronic system zur Regelung der Temperatur, Klimazonen, Kontrolle der Luftqualität	Individuelle personenbezogene Regelung der Klimaumgebung basierend auf Sensoren im Innenraum und der Umwelt, Karbonfilter zur Kontrolle der Luftqualität	Filterung von Staub, Pollen, üble Gerüche etc.
Air Balance Package	Automatikprogramm zum individuellen Komfortempfinden	Ionisierung der Innenraumluft, verbesserte Filtration, aktive Belüftung des Fahrgastraumes durch spezielle Düfte	Erkennung von Luftverunreinigungen, Eliminierung von Viren, Bakterien, Sporen
Multikontursitze mit Massagefunktion und Sitz Klimakontrolle	Rehabilitative Maßnahmen	Anpassung an die Anatomie des Passagiers, Autositz mit Massagefunktion	Akupressur und Wärme zur Wirbelsäulenentspannung, Förderung der Durchblutung von Muskeln
Innovatives Fensterglas	Spezielles innovatives Glasvorrichtung	Innovatives Fensterglas ermöglicht Reflektion von Infraroteinstrahlung, Hitzentwicklung und Lärm durch Umwelt. Dadurch stressfreie und angenehme Mobilität	Schutz vor Ozoneinstrahlung, Sonnenhitze, Geräuschpegel
Ambiente Lichtumgebung	Spezielle Lichtumgebung	Ambiente Lichtumgebung sorgt erhöht den Komfort und die Wohlfühlatmosphäre während der Fahrt	Prävention vor Stress, Förderung der Wellness

Tab. 3.6 Mobile Technologien der Automotive Health

Wearable Technologien	Eigenschaften
Herzfrequenz Messgeräte	Es existieren diverse mobile Messgeräte zur Messung der Herzfrequenz. Hierzu gehören beispielsweise digitale Uhren, Fitness Armbänder etc. Neben der Überwachung der Herzfrequenz speichern die Geräte Informationen über verbrannte Kalorien, Atmungsrate u. a. Vitalparameter
Pulsoximeter	Pulsoximeter werden zur Messung des Sauerstoffgehalts im Blut eingesetzt. Der Pulsoximeter ermöglicht die Überwachung des Gesundheitszustands bei Menschen mit obstruktiver Lungenerkrankung, Asthma, Herzinsuffizienz u. a. Krankheiten
Blutzuckermessgerät	Wearables bzw. mobile Geräte, die es ermöglichen den Zuckergehalt im Blut zu messen. Technologie wird bei Patienten mit Diabetes eingesetzt um die Insulindosis einzustellen. Es existieren innovative Zukunftsentwicklungen in Richtung nicht-invasiver Blutzuckermessung auf Basis der Infrarotspektroskopie[a]
Personal EKG Messgeräte	Klassische EKG Messung in kompakter Form. Anstelle des klassischen EKG-Monitorings über 12 Elektroden ermöglicht beispielsweise das kompakte Personal EKG-Gerät über den Daumenkontakt[b]

[a]Vgl. Ahmad, M. et al. (2013, o. S.)
[b]Vgl. Grier, J. W. (2017, o. S.)

3.3.5   Audi FitDriver Konzept

Wie bereits in Kap. 3 aufgezeigt, wurden die meisten Publikationen rundum das Thema Automotive Health im Jahr 2016 veröffentlicht. Eine Begründung hierfür war die intensive Marketingarbeit der Audi AG rundum die FitDriver Funktionen (siehe Abb. 3.14).

In diesem Zeitraum präsentierte die Audi AG das Konzept eines empathischen Fahrzeugs, das sich um die Bedürfnisse des Fahrers kümmert.[70] Mit dem Slogan „My Car cares for me" positioniert sich das Unternehmen frühzeitig im Kampf um den Automotive Health Markt. Neben diversen Fahrzeugeinstellungen auf Basis von Technologien der Therapie, Gesundheitsförderung und Prävention verfügt das Konzept über Mechanismen der Biofeedback- Analyse (siehe Abschn. 3.2,

---

[70]Vgl. Drechsel, M. (2016, o. S.).

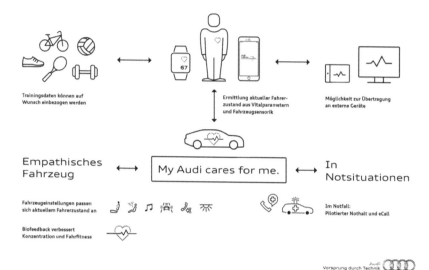

Abb. 3.14 Audi FitDriver Konzept (Entnommen aus Drechsel, M. 2016, o. S; Audi. 2016)

Abschnitt Biofeedback Diagnostik und Therapie). Ein wesentliches Merkmal der Marketing-Aktivität zielte darauf ab, dass das Fahrzeug belebend, entspannend oder sogar schützend auf die Insassen reagiert. Zudem verfügt das Konzept über Mechanismen zum pilotierten Nothalt und eCall bei kritischen Verkehrssituationen. Über die Einbeziehung von Wearables kann der aktuelle Zustand des Autofahrers (z. B. Vitalparameter) über integrierte Sensoren überwacht werden. Zudem sind in dem Konzept die Kopplung von Gesundheitsaktivitäten und die Anbindung an anderen Geräten vorgesehen.

Automotive Health Konzepte der Zukunft

4

Abschn. 2.1 zeigt ein Überblick über einige Problemstellungen des derzeitigen Gesundheitssystems auf. Solche Problemstellungen erfordern eine effiziente Gestaltung des Gesundheitssystems.[1] In diesem Zusammenhang kann Knye wie folgt zitiert werden: „Derzeit besteht ein Modell mit gesellschaftlicher/staatlicher Steuerung und privatwirtschaftlicher Verantwortung der Akteure (Krankenhäuser, niedergelassene Ärzte, nichtärztliche Leistungserbringer). Gesundheit ist mit über 300 Mrd. EUR Umsatz/Jahr ein entscheidender Wirtschaftsfaktor und unterliegt starker(2. Gesundheitsmarkt) bzw. sehr starker gesellschaftlicher Regulierung (1. Gesundheitsmarkt)."[2] Ein Überblick über den Gesundheits- und eHealth-Markt wurde in Abschn. 2.2 dargelegt. Konträr zu den Problemstellungen des Gesundheitssystems weisen die Digital Health Märkte enorme Wachstumsraten auf. In Abschn. 2.3 wurde aufgezeigt, wie sich beispielsweise die Global Player auf die Entwicklung des autonom fahrenden Fahrzeugs konzentrieren. Das autonom fahrende Fahrzeug gekoppelt mit Gesundheitsdienstleistungen auf Basis bereits verfügbarer Technologien führt unweigerlich zu neuartigen, innovativen und möglicherweise disruptiven Geschäftsmodellen (z. B. Automotive Health). Die zukünftige Gestaltung eines nachhaltigen, innovativen und disruptiven Geschäftsmodells auf Basis der Automobilität und Gesundheitsdienstleistungen ist von großem Interesse. Eine einheitliche Messumgebung im Auto, die es ermöglicht das Thema Gesundheit mit der Mobilität zu verknüpfen, ist innovativ und disruptiv. Ein solches Geschäftsmodell fußt auf den Bedingungen gemäß Tab. 4.1.

[1]Vgl. Wasem, J. (2012, S. 8).
[2]Knye, M. (2017), Interview.

© Springer Fachmedien Wiesbaden GmbH, ein Teil von Springer Nature 2018
M. Addam et al., *Automotive Health in Deutschland*, essentials,
https://doi.org/10.1007/978-3-658-20876-9_4

Tab. 4.1 Bedingungen eines disruptiven Geschäftsfeldes – Automotive Health

Autonomous Driving/ Self Driving Car	Das autonom fahrende Fahrzeug ratifiziert die aktuelle Vorstellung der Mobilität. Der Faktor Mensch am Steuer als Fehlerquelle und Ursache für Unfälle, Staus, Stress etc. Zudem ermöglicht die autonome Mobilität Zeit und Freiräume für andere Beschäftigungen Das Thema Umweltverschmutzung ist bei der Fahrzeugindustrie präsent wie nie zu vor. Das Elektroauto viele damit verbundener Problemstellungen durch Umstellung auf Elektromobilität lösen
Digitalisierung und Vernetzung	Das Thema Digitalisierung und Vernetzung eröffnet neue Anwendungsszenarien im Bereich der Automobilität. Digitalisierung umfasst hierbei die Themenbereiche bzw. die Anwendung von Big Data, Cognitive and Artificial Intelligence, Machine Learning etc. Neben der Digitalisierung ist die Vernetzung ausschlaggebend für ein solches innovatives Geschäftsfeld
eHealth	Die Kopplung von eHealth-Lösungen in ein autonom fahrendes Auto, welches digital und vernetzt ist, ermöglicht eine neue Ebene der Gesundheitsversorgung

Im Abschn. 2.3 wurden die Anzeichen einer Transformation der Gesundheitswirtschaft durch die Digitalisierung beschrieben. Automotive Health beherbergt große Potenziale einer Disruption zweier Branchen durch die Digitalisierung, das Gesundheitswesen und die Automobilität. Knye verweist auf die Verfügbarkeit aller relevanten und wichtigen Technologien, die für eine solche Disruption erforderlich sind: Big Data, IBM Watson, Gentechnik, Individual Drugs etc.[3] Diesbezüglich wird Knye wie folgt zitiert: „Die Digitalisierung wird dieses Geschäftsmodell viel nachhaltiger ändern, als den aktuellen Beteiligten derzeit bewusst ist."[4] Aktuell versuchen die sogenannten GAFA-Unternehmen ein solches nachhaltiges Geschäftsfeld zu erklimmen. Schaeffler beispielsweise stellt im Rahmen einer Partnerschaft mit IBM die gesamte Supply Chain auf kognitive Systeme und Komponenten um. Dabei sollen im Automotive Bereich vernetzte Chips und Komponenten verbaut werden. Ziel ist der Aufbau einer Schaeffler Cloud in Kombination mit IBM Watson.[5] Auch wenn Schaeffler als Automotive

---

[3]Vgl. Knye, M. (2017), Experteninterview.
[4]Knye, M. (2017), Interview.
[5]Vgl. Schaeffler (2016, o. S.).

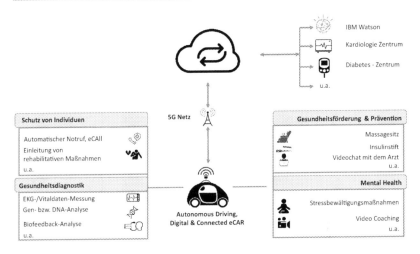

Abb. 4.1 Disruptives Automotive Health Business Model

Zulieferer damit ein anderes Ziel verfolgt, vergleichbare zukunftsorientierte Geschäftsmodelle sind mit der Automotive Health denkbar. Damit wird eine Vollvernetzung mit der Möglichkeit der Realtime Analytics der Daten in der Cloud verfolgt. Der Themenfokus liegt dabei auf Big Data, Cognitive und Realtime Analytics, Machine Learning, Artificial Intelligence etc. Ein weiteres Beispiel bildet die Softbank Group, die sich mit dem Aufkauf der ARM strategisch für den IOT- bzw. Digital Health Markt aufstellt.[6] Die ARM entwickelt Semiconductor-Prozessorchips für die Automotive Health. Mit der Kooperation und der Zusammenarbeit mit dem FLYING HEALTH Incubator stellt sich die Audi AG ebenfalls strategisch für den Automotive Health Markt auf.

In Anlehnung an die Schaeffler Cloud wäre ein disruptives Geschäftsfeld gemäß Abb. 4.1 vorstellbar und in Anlehnung an die Abschn. 3.2 bis 3.3 bereits in Teilen realisierbar. Dabei ermöglicht das autonom fahrende und vollvernetzte Fahrzeug eine Bandbreite an Möglichkeiten, u. a. im Gesundheitswesen. Dabei stehen Maßnahmen der Gesundheitsdiagnostik, Gesundheitsförderung und Prävention sowie der Mental Health kombiniert mit der Mobilität zur Verfügung. Die über eine einheitliche Messumgebung erhobenen Daten können so lokal ausgewertet werden oder mit der Cloud abgeglichen werden. Dabei können die Daten

---

[6]Vgl. Kahn, J. (2016, o. S.).

1st Place: 3rd Place: 2nd Place:
Zuhause   Autonomes Auto   Arbeitsplatz

Abb. 4.2 Das autonome Fahrzeug als ‚the third place' (Eigene Darstellung in Anlehnung an Zetsche, D. zitiert nach Burtschak, Th. 2015, o. S.)

in Echtzeit beispielsweise von einem Fachzentrum (z. B. Kardiologie-Zentrum, Diabetes-Zentrum, Teledienstleister) überwacht werden. Durch eine Anbindung an eine Blockchain (z. B. IBM Watson) kann beispielsweise ein Befund in Echtzeit erstellt und daraufhin Empfehlungen ausgesprochen werden. Das in Abb. 4.1 dargestellte Modell ermöglicht eine effiziente Gestaltung des Gesundheitswesens. Das Statussymbol eines Menschen ist derzeit noch das Auto: je teurer, je schneller und je schöner desto mehr steht es in emotionaler Verbundenheit. Autonomous Driving verändert die Mobilität grundlegend – das Review der dargelegten Literatur weist zukünftig eine Entemotionalisierung im Bereich der Mobilität auf. Zetsche beschreibt mit dem Schlagwort ‚the third place', das Automobil als einen weiteren Raum neben dem Zuhause und dem Arbeitsplatz, in dem der Mensch produktiv sein kann (Abb. 4.2).[7]

Durch das autonom fahrende Fahrzeug entsteht viel Zeit und Raum, um sich anderen, dringenderen Aufgaben zu widmen, z. B. Gesundheitsbelange u. a. Die Verschwendung von Zeit am Steuer wird damit obsolet. Prinzipiell steht und fällt in einer modernen Gesellschaft alles mit der Mobilität, hierzu zählen ebenfalls Freizeitaktivitäten. Zetsches Schlagwort für das Auto müsste eigentlich in ‚the second place' umgetauscht werden. Die erste Anlaufstation nach dem Zuhause ist die Mobilität um zum Arbeitsplatz, die mittlere um zu einer Freizeitaktivität und die letzte um wieder nach Hause zu gelangen. Das Fahrzeug ist dementsprechend der ideale Ort zur Messung der Gesundheit. Solche Mechanismen wären auch zu Hause denkbar. Hierbei muss jedoch die Bereitschaft bestehen, solche Gesundheitsüberwachungsmechanismen zu Hause aufzusuchen und auch zu nutzen. Im Vergleich dazu, ist das Fahrzeug ein regelmäßiger Berührungspunkt, das es

[7]Vgl. Zetsche, D. zitiert nach Burtschak, Th. (2015, o. S.).

ermöglicht eine kompakte und völlig automatisierte Gesundheitsmessumgebung bereit zu stellen.

In Abschn. 3.1 wurde ein Verständnis zum Thema Automotive Health aufgebaut. Die Metaanalyse (siehe Kap. 3) zeigt auf, dass Automotive Health viel mehr aufweist als lediglich die Kopplung von Wearables mit dem Auto. Im Zuge dieser Ausarbeitung wurden 72 Publikationen analysiert. Zielsetzung war es eine Übersichtarbeit über das Themengebiet der Automotive Health zu erfassen. Dabei sollte die Veränderung von Geschäftsmodellen und Philosophien, die sich durch die digitale Gesundheitswirtschaft auf zukünftige Entwicklungen auswirken näher betrachtet werden. Im Rahmen der Metaanalyse wurden diverse Anwendungsszenarien aufgezeigt (siehe Abschn. 3.2). Solche Anwendungsszenarien wurden nach den Konzepten des Schutzes von Individuen, Gesundheitsdiagnostik, Gesundheitsförderung und Prävention sowie Mental Health generalisiert und strukturiert. Zu diesen vier Gesundheitsebenen der Automotive Health wurden diverse Technologien dargelegt (siehe Abschn. 3.3). Viele dieser Technologien sind bereits umgesetzt, andere befinden sich in Forschung und Entwicklung. Es handelt sich jedoch um Technologien, die auf der emotionalen Verbundenheit des Menschen zum Auto aufsetzen – sie sind innovativ, weisen jedoch kaum disruptive Veränderungen auf. Jene Technologien, die Müdigkeit oder die Schläfrigkeit des Autofahrers durch verschiedenste Mechanismen (z. B. Vitaldaten per Lenkradsensorik, Gesichts- und Augenerkennung per Kameras u. a.) verfolgen sind kein disruptives Geschäftsmodell und werden erst durch das Thema Autonomous Driving hinfällig.

Transformation der Mobilität zur Dienstleistung

Das Kriterium der Entemotionalisierung in Bezug auf die Beziehung eines Menschen zu einem Fahrzeug zeichnet eine zukünftige Transformation der Mobilität in Richtung Mobilitätsdienstleistungen ab. Aktuell existieren bereits Car-Sharing und andere Konzepte der Mobilität, UBER ist ein solches Beispiel. Bedingt durch das autonom fahrende Fahrzeug, kann beispielsweise die Mobilität zukünftig in Form anderer Geschäftsmodelle angeboten werden. In Anlehnung an das Google-Geschäftsmodell sind sogar Konzepte der kostenlosen Mobilität gekoppelt mit diversen Services wie z. B. die Automotive Health denkbar. Nach der Planung einer Reise/Fahrt über eine App (Abfahrtsort, Ankunftsziel, Datum, Uhrzeit Anzahl Personen etc.) kommt beispielsweise das Fahrzeug mit den gewünschten Services autonom nach Hause gefahren und fährt den Menschen zum gewünschten Ziel.

Die beschriebene Entemotionalisierung durch das autonome Fahrzeug und der Einzug der Automotive Health beherbergen diverse Chancen und Vorteile, die sich durch ein solches Geschäftsmodell ergeben. Ein wesentlicher Vorteil, den das autonom fahrende Fahrzeug ermöglicht ist der Zeitaspekt. Dieses Kriterium wird im Rahmen des Reviews der Literatur von diversen Autoren bestätigt.[8] Der Bitkom-Umfrage nach (siehe Abb. 3.10 in Abschn. 3.2) priorisieren die Befragten die Vorteile des besseren Verkehrsflusses, geringerer Verbrauch, mehr Sicherheit vor dem Zeitaspekt. Als weitere Vorteile nach dem Zeitaspekt gaben die Befragten geringere Umweltbelastung, mehr Fahrkomfort und die schnelle Ankunft am Ziel an. Diese Vorteile ergeben sich alleine durch das Kriterium des selbstfahrenden Fahrzeuges. Tab. 4.2 zeigt Vorteile auf, die sich durch die Kombination des autonom fahrenden Fahrzeugs mit Gesundheitsdienstleistungen ergeben.

Der Aspekt der Effizienzsteigerung im Gesundheitswesen ermöglicht neuartige und ggf. disruptive Anwendungsszenarien. Diverse Problemstellungen des deutschen Gesundheitssystems können mit der Einbeziehung von Automotive Health Technologien gelöst werden. Im Nachfolgenden werden einige Beispiele aufgezeigt:

- Erkennung von Krankheitsbilder auf Basis der Atemgasanalyse, Biofeedback-Diagnostik sowie direkte Einleitung von Therapiemaßnahmen (siehe hierzu Abschn. 3.2, Abschnitt Konzepte der Gesundheitsdiagnostik).
- Auf Basis der einheitlichen Messumgebung im Fahrzeug ist der Besuch eines Hausarztes nicht erforderlich. Damit entfallen Wartezeiten, Anfahrten u. a. Aufwände. Das Auto fungiert als „Digitaler Hausarzt", das regelmäßig die Gesundheit überwacht und kommuniziert.
- Krebsvorsorge i. S. der beschriebenen 5 Säulen nach Biden, siehe hierzu Abschn. 3.2, Abschnitt Identifikation und Prävention von Krebserkrankungen.
- Einleitung von therapeutischen Empfehlungen und Maßnahmen, z. B. Massagefunktion im Sitz, Stressbewältigungsmaßnahmen, Biofeedback-Therapie etc.
- Automatisierte Verordnung von Medikamenten anhand erkannter Krankheitsbilder (z. B. durch IBM Watson) mit automatischer Zustellung, z. B. über DocMorris, u. a.
- Automatisierte Ausstellung von Arbeitsunfähigkeitsbescheinigungen und digitale Kommunikation an Krankenkasse und Arbeitgeber auf Basis valider Daten durch die einheitliche Messumgebung im Fahrzeug oder angekoppelten Wearables. Online Analyse von Ausfall- und Genesungszeiten.
- Direkte Terminkoordinierung sowie digitale Überweisung zu einem Facharzt bei erkannten Krankheitsbildern. Aufbereitung und standardisierte Übermittlung der relevanten Daten an den Facharzt.
- Bei einfachen Erkrankungsbilder, Koordinierung und automatisierte Überweisung zu rehabilitativen Maßnahmen, z. B. Terminplanung mit Physiotherapie u. a.

---

[8]Vgl. Alvarez, S. (2016, o. S.).

Tab. 4.2 Chancen der Automotive Health

Kriterium	Beschreibung
Sicherheit	Das autonom fahrende Fahrzeug ermöglicht eine hohe Sicherheit im Straßenverkehr. Dabei können die in Abschn. 3.2 beschriebenen Verkehrsunfälle und die daraus resultierenden Todesfälle vermieden werden
Zeit	Das autonom fahrende Fahrzeug ermöglicht freie Zeiträume für andere Beschäftigungen, z. B. Gesundheitsbelange, geschäftliche Tätigkeiten etc
Unmittelbarkeit	User Centered Design der Prozesse und Produkte: Leistungen werden vom Nutzer (egal ob der Patient der Nutzer ist oder der HCP) unmittelbarer eingefordert werden. Dadurch werden schnellere Ergebnisse, kürzere Prozesse, einfachere Entscheidungswege ermöglicht[a]
Effiziente und nachhaltige Gestaltung der Gesundheitsversorgung	Hausarztbesuch, Wartezeiten, Anfahrten entfallen Arzt-Konsultation per Videochat – Arzttermin mobil Schmerztherapie per Virtual Reality Persönliche und individuelle Messumgebung der Gesundheitsüberwachung Kommunikation und Befundung von erhobenen an/ durch Fachzentren (Teleservices), Blockchains (IBM Watson) u. a. Koordinierung von Terminen durch Facharzt
Gesundheitsüberwachung	Im Rahmen der Gesundheitsüberwachung ergeben sich diverse Anwendungsszenarien in den Bereichen der Gesundheitsdiagnostik, Therapie, Gesundheitsförderung und Prävention sowie der Psychologie bzw. Mental Health (siehe hierzu Abschn. 3.2 bis 3.3)
Stärkung des Selbstbestimmungsrecht	Durch die persönliche und individuelle Mess- und Therapie wird das Selbstbestimmungsrecht gestärkt. Der Patient kann entscheiden wo die Daten gespeichert werden und welche Daten an wen kommuniziert werden
Stärkung des Gesundheitsbewusstseins	Durch diverse Maßnahmen im Rahmen der Gesundheitsförderung und Prävention sowie mentale Stärkung kann auf Basis vieler Gesundheitsprogramme das Bewusstsein gegenüber der Gesundheit gestärkt und geschult werden. Hierzu zählen beispielsweise, Diabetes Schulungsprogramme, Stressbewältigungsprogramme, Aufklärungsprogramme etc.

[a]Vgl. Weinert, J. (2017), Interview

Weinert beschreibt diverse zukunftsorientierte Einsatzszenarien (siehe Abschn. 3.2, Abschnitt Sonstige Konzepte der Automotive Health), die ebenfalls als Chance aufgenommen werden können. Hierzu gehören beispielsweise, das autonom fahrende MRT bzw. Röntgengerät, die autonome Apotheke oder das autonom fahrende Behandlungszimmer mit dem Arzt, etc.[9]

Neben diversen Chancen, die sich durch Automotive Health ergeben, existieren im Gegensatz dazu einige Grenzen. Die Entemotionalisierung verschafft Zeit- und Freiräume für andere Aktivitäten während einer Fahrt. Ein solches Konzept der Mobilität muss zunächst von den Menschen angenommen und genutzt werden. Diese Form der Mobilität erfordert eine Umstellung bisher bestehender Gewohnheiten in der Gesellschaft. Dazu gehört, dass die Entemotionalisierung auch akzeptiert wird. Viele Menschen sehen hierbei offensichtlich keinerlei Probleme (siehe Ergebnisse der Bitkom-Befragung in Abschn. 3.2, Abschnitt Konzepte zum Schutz von Individuen). Andere Menschen sehen eine emotionale Verbindung zum Auto, jener Teil will am Steuer sitzen und die Pferdestärken erleben. Eine solche Argumentation kann sich im Rahmen der Umsetzung disruptiver Konzepte schnell ergeben. Ein ähnliches Beispiel zeigt die Annahme von Facebook in der Gesellschaft. Trotz damaliger Bedenken von Staat und Datenschutz hat sich das Medium als eine Alternative zur Kommunikation durchgesetzt. Offensichtlich bestand hier das Bedürfnis, sich der Öffentlichkeit mitzuteilen und sich offen zu zeigen. Dieses Bedürfnis überwog. Hinsichtlich der Automotive Health kann ein ähnlicher Verlauf angenommen werden, zumal hier Sicherheits-, Umwelt-, Gesundheits- und Zeitaspekte für die Mehrheit der Menschen eine übergeordnete Rolle einnehmen. Bei dem Kriterium disruptiv muss es sich nicht gleich auf die Eigenschaften besser, günstiger und schneller beschränken.[10] Disruptiv muss nicht zwangsläufig dadurch eintreten, dass es durch die Mehrheit der Gesellschaft angenommen wird. Es kann sich dabei um eine Idee, Vorstellung oder Konzeption handeln, die die bisherigen Gewohnheiten und Strukturen eines bestimmten Handelns, komplett verändern. Im Falle der Automotive Health ratifiziert die Möglichkeit des Schutzes von Menschen vor dem Unfalltod oder vor Verkehrsunfällen den Gedanken der emotionalen Beziehung zu einem Fahrzeug. Automotive Health ohne das Kriterium des autonom fahrenden Fahrzeuges würde lediglich die aktuelle Situation der Mobilität innovativ verändern. Automotive Health würde somit weiterhin auf die emotionale Beziehung des Individuums zur

---

[9]Vgl. Weinert, J. (2016, o. S.).
[10]Vgl. Rachleff, A. (2013, o. S.).

Mobilität (Fahrer am Steuer) aufbauen. Hierzu zählen u. a. im Rahmen des Schutzes von Individuen, die Überwachung von Vitaldaten über integrierte Kameras und Sensoren zwecks Vermeidung von Unfallsituationen. Solche Mechanismen würden ebenfalls zur Gesundheitsüberwachung, z. B. des Autofahrers u. a., beitragen. Tab. 4.3 zeigt einen Überblick über die Grenzen der Automotive Health in Deutschland auf.

Basierend auf der konventionellen Mobilität ohne Autonomous Driving können folgende Grenzen weiterhin aufgezeigt werden.

- Überforderung des Autofahrers:
  Automatisierte Reaktion des Fahrzeugs entgegen dem Verhalt des Fahrers führt zu Mensch-Maschine-Konflikten in Entscheidungssituationen sowie Überforderung des Autofahrers.
- Aufmerksamkeit:
  Anzeige von Gesundheitsinformationen bzw. Informationsflut auf Bildschirmen reduziert die Aufmerksamkeit des Autofahrers im Straßenverkehr (siehe hierzu Abschn. 2.4).
- Falsche Interpretation angezeigter Gesundheitsinformationen
  Die Anzeige von Gesundheitsdaten (z. B. Vitaldaten/EKG-Werte) können falsch interpretiert und verstanden werden.

Tab. 4.3 Grenzen der Automotive Health in Deutschland

Akzeptanz	Fehlende Akzeptanz durch die Gesellschaft. Verbleib beim klassischen Modell der Automobilität und des biomedizinischen Modells im Gesundheitswesen
Datenschutz und Datensicherheit	Speicher- und Zugriffsregelungen auf Daten. Wo werden die Daten abgespeichert, Vermeidung von Missbrauch der Daten
Reifegrad der Technologie	Die Konzepte von autonom fahrenden Fahrzeugen und die Anwendung der Automotive Health erfordert die Sicherstellung eines hohen Reifegrads von Technologien, z. B. Niveau von Flugzeugen. Der Mensch muss sich auf die Technologie gewissenhaft verlassen können
Gesetzliche Bestimmungen und Regelungen	Autonom fahrende Fahrzeuge und Automotive Health erfordern gesetzliche Bestimmungen und Verordnungen, z. B. Versicherungsschutz, Abrechnung von Gesundheitsleistungen etc.
Gesundheitssystem	Fehlende Strukturen und Schnittstellen für das Thema Automotive Health
Know-how der Automobilindustrie	Fehlendes Know-how der Automobilindustrie über das Gesundheitssystem, fehlende Bereitschaft der Auseinandersetzung

Ziel der vorliegenden Studie war es eine Übersichtsarbeit über die Veränderung von Geschäftsmodellen und deren Philosophie in der digitalen Gesundheit in Deutschland und Umgebung zu untersuchen. Im Kontext der Entwicklungen und Veränderungen in der digitalen Gesundheitswirtschaft befasst sich diese Arbeit konkret mit dem Thema Automotive Health. Zu diesem Zweck wurden über 72 Publikationen analysiert und im Rahmen einer systematischen Übersichtsarbeit zusammengestellt, generalisiert und strukturiert und dargestellt. Deutschland ist diversen Problemstellungen ausgesetzt, z. B. dem demografischen Wandel, Fachkräftemangel, Finanzierung des Gesundheitssystems etc. Die Gesundheitsausgaben entsprechen mit ca. 345 Mrd. EUR 11,3 % des BIP. Effiziente Strukturen im Versorgungsmanagement sind stark nachgefragt, um die Gesundheitsausgaben unter Kontrolle zu halten. Ein Ausweg hierbei ist die Digitalisierung. Die Digital Health Märkte verzeichnen starke Wachstumsraten in den letzten Jahren und in Zukunft. In Deutschland wird ein Anstieg im eHealth Markt von 392 Mio. EUR auf 662 Mio. EUR bis zum Jahr 2020 prognostiziert. Im Vergleich dazu liegt der eHealth-Umsatz in Amerika bei 2,3 Mrd. US$. Was die Veränderung von Geschäftsmodellen und Philosophien in der digitalen Gesundheitswirtschaft angeht, lässt sich feststellen, dass digitale Lösungen zur Überwachung der eigenen Gesundheitsbelange stark nachgefragt sind und immer mehr eine Rolle spielen. Die Menschen tendieren immer mehr dazu die Gesundheit selbst zu überwachen und zu pflegen. Es wird zudem verstärkt das Internet genutzt, um nach Gesundheitsinformationen zu suchen. Die Potentiale, die die Gesundheits- und die Digital Health Märkte aufzeigen, haben längst die sogenannten GAFA-Unternehmen erkannt und bieten dementsprechend zunehmend über eigene Plattformen Health Services an. Disruptive Geschäftsmodelle sind daher stark nachgefragt. Automotive Health beherbergt große Potenziale einer Disruption zweier Branchen durch die Digitalisierung, das Gesundheitswesen und die Automobilität. Das Automobil mit Gesundheitstechnologien zu verknüpfen ist nicht nur neuartig und innovativ. Die konsequente Anwendung und Nutzung einer einheitlichen Messumgebung im Auto kann ebenfalls disruptiv sein. Im Einsatz mit aktuellen Technologien (z. B. Big Data, Predictive Analytics, Machine Learning, Expertensysteme etc.) kann beispielsweise der Besuch eines Arztes stark minimiert werden. Zur Überwachung der eigenen Gesundheit (z. B. Vitalparameter etc.) muss ebenfalls nicht der Arzt aufgesucht werden. Zudem können mithilfe aktueller Technologien nicht nur die Symptome einer Erkrankung sondern die Ursachen ermittelt und analysiert werden. In diesem Zuge können therapeutische und gesundheitsfördernde Maßnahmen in Echtzeit empfohlen bzw. eingeleitet werden. Alle erforderlichen Technologien, um eine Veränderung der Gesundheitsversorgung zu erzielen, sind bereits verfügbar. Ein solches Geschäftsmodell basiert auf den Bedingungen des Autonomous Driving, der Digitalisierung bzw. Vollvernetzung (engl. Connected Car) sowie der Implementierung von eHealth-Technologien bzw. Connected-Health. In Anlehnung an die bildgebenden und signalverarbeitenden Geräte, z. B. Ultraschall, Computertomografie, EKG etc. kann das Auto künftig als eine weitere Modalität im Bereich der Gesundheitsüberwachung funktionieren. Automotive Health ist dabei mehr als lediglich die Kopplung oder Integration von Wearables in Fahrzeugen zu sehen. Ein solches disruptives Modell ermöglicht durch das Kriterium des Autonomous Driving, die völlige Sicherheit und den Schutz von Individuen im Straßenverkehr und in der unmittelbaren Umwelt des Automobils. Zudem ergeben sich keine Staus und kaum Verkehrsunfälle. Autonomous Driving führt zu Entemotionalisierung des Autos und verschafft Zeit und Raum sich um andere Belange während der Mobilität zu kümmern, z. B. Gesundheitsbelange, Geschäftliches, Privates o. ä. Durch die Integration von Automotive Health Technologien ergeben sich andere Formen der Gesundheitsüberwachung durch das Auto. Diverse Methoden und Technologien der Gesundheitsdiagnostik ermöglichen die Erkennung vieler Erkrankungsbildern, wie z. B.: Stoffwechseldiagnostik über die Atemgasanalyse, Biofeedback Diagnostik und Therapie, Identifikation und Prävention von Krebserkrankungen (Early Detection of Cancer), Genmaterialanalyse (DNA–Diagnostik), Kardiovaskuläre Diagnostik und Vitaldatenüberwachung, Diabetes (Tele-) Monitoring u. a. Einsatzszenarien. Zudem ermöglicht Automotive Health die Therapie, Förderung und Verbesserung der Gesundheit. Hierzu kann beispielsweise die Besprechung mit einem Arzt online unter Einbeziehung der erhobenen Gesundheitsdaten durch das Auto erfolgen. Die Gesundheitsdaten können zudem über die Anbindung von Fachzentren oder Blockchains (z. B. IBM Watson) analysiert, ein Befund dazu direkt erstellt und weitere Maßnahmen direkt eingeleitet werden. Weitere Maßnahmen wären z. B. die automatisierte Terminkoordinierung beim Facharzt, die automatisierte Zustellung eines Wirkstoff oder die automatisierte Krankschreibung beim Arbeitgeber und Krankenkassen auf Basis valider Gesundheitsdaten. Weiterhin können im Auto Stress, Depressionen, Verspannungen u. a. Erkrankungen über die integrierten Mechanismen in Form von Massagesitzen, Licht-, Klima- und Akustikumgebung kuriert werden. Auf Basis von eingebauten Kameras und Sensoren, die die Emotionalität und psychologische Faktoren erkennen und auswerten können, ermöglicht Automotive Health damit diverse Konzepte der Mental Health. Hierbei kommen Schulungsprogramme zum Einsatz, die die Erhöhung des Selbstbewusstseins gegenüber bestimmten Erkrankungen, Stressbewältigungsmaßnahmen u. a. ermöglichen. Mit der Automotive Health bestehen aktuell noch die Möglichkeiten eines tollen Zukunftsmarkts für die Automobilindustrie mit einer guten Ausgangslage und besten Voraussetzungen, sofern der Zeitpunkt nicht verwirkt wird. Insbesondere die GAFA-Unternehmen haben Interesse, Zeit und Ressourcen solche Geschäftsmodelle zu entwickeln und zu fördern. Zudem verfügen diese Unternehmen über die entsprechenden Plattformen und Softwarelösungen, um Veränderungen und Transformationen in der digitalen Gesundheit zu ermöglichen.

Automotive Health ermöglicht viele Chancen und Vorteile. Neben den Mechanismen der Gesundheitsüberwachung kann eine nachhaltige und effiziente Gesundheitsversorgung gestaltet werden. Durch die Einbindung einer einheitlichen Messumgebung im Auto, kann sogar eine regelmäßige und sogar kontaktfreie Überwachung der Gesundheit erfolgen. Die Regelmäßigkeit wird durch das Fahrzeug als dritten Aufenthaltsort neben dem Zuhause und Arbeitsplatz begünstigt (siehe hierzu Abb. 4.2). Die Kontaktfreiheit wird durch aktuelle Technologien der Gesundheitsüberwachung, z. B. kapazitive Sensoren im Autositz u. a., ermöglicht. Neben den Vorteilen der Zeit, Sicherheit, Stärkung des Selbstbestimmungsrecht und Gesundheitsbewusstsein kann ebenfalls die Unmittelbarkeit von Gesundheitsleistungen aufgezählt werden. Im Rahmen des User Centered Design können Leistungen vom Nutzer unmittelbarer eingefordert werden. Dies ermöglicht schnellere Ergebnisse, kürzere Prozesse und einfachere Entscheidungswege. Im Gegensatz zu den Chancen existieren einige Grenzen, die es zu lösen gilt. Hierzu zählen die Akzeptanz und der Reifegrad der Technologie, gesetzliche Bestimmungen und Regelungen, Strukturen des Gesundheitssystems, Know-how der Automobilindustrie und das Thema Datenschutz und Datensicherheit.

Um die Potenziale der Automotive Health zu erschließen und auszunutzen, müssen die entsprechenden Rahmenbedingungen geschaffen werden. Derzeit existierten im aktuellen Gesundheitssystem keine Ansätze und Strukturen, um die Automotive Health nutzbar werden zu lassen. Hier bedarf es der Anstrengung diverser Institutionen und Akteuren des Bundes aus Politik, Wirtschaft, Gesundheit u. a. um Strukturen für die Automotive Health zu schaffen.

Was Sie aus diesem *essential* mitnehmen können

- Eine wesentliche Einführung in das Thema „Automotive Health"
- Einen internationalen Überblick über die aktuelle Literatur
- Anregungen für Geschäftsmodelle aus verschiedenen Beispielen

© Springer Fachmedien Wiesbaden GmbH, ein Teil von Springer Nature 2018
M. Addam et al., *Automotive Health in Deutschland*, essentials,
https://doi.org/10.1007/978-3-658-20876-9

Anhang 1: Auswahl und Codierung der Studien/Publikationen

Siehe Tab. A.1.

Tab. A.1 Auswahl und Kodierung der Studien/Publikationen

Jahr	Publikationsart	Sprache	Titel
2007	Website/Blog	EN	**Automotive Health and Wellness... Can Your Vehicle Make You Feel Better?** *Cavin R.*
2010	Buchartikel	EN	**Emotive Driver Advisor System (EDAS)** *Gusikhin, O.; Klampfl, E.; Filev, D.; Chen Y.*
2011	Website/Blog	EN	**Wellbeing in the car** *Laschke, M., Eckoldt, K.; Hassenzahl, M.*
	Presse/News	EN	**Heart-Monitoring Autos: The Toyota ECG Steering Wheel is Designed to Track a Driver's Heart Health** *Hines, M.*
	Conference Paper	EN	**Automotive User Interfaces and Interactive Vehicular Applications** *Tscheligi, M.*
2012	Presse/News	EN	**Ford, Microsoft to develop ‚Doctor in Your Car'** *Healthcare IT News*
	Presse/News	EN	**Ford collaborates with Microsoft for in-car health and wellness research** *Digital Health Summit*
	Fachartikel	DE	**Drahtlose Technologien: Ihr Einfluss auf die zukünftige Entwicklung des Gesundheitswesens** *Koon, J.*
	Präsentation	EN	**Rock Report: Smart Seating – Opportunities at the intersection of automotive and healthcare** *Gandhi, M.; Rosenberg, D.; Ziegler, L.*

(Fortsetzung)

© Springer Fachmedien Wiesbaden GmbH, ein Teil von Springer Nature 2018
M. Addam et al., *Automotive Health in Deutschland*, essentials,
https://doi.org/10.1007/978-3-658-20876-9

Tab. A.1   (Fortsetzung)

Jahr	Publikationsart	Sprache	Titel
2013	Website/Blog	EN	**Kia Concept Car Can Monitor A Driver's Health** *Pinter, D.*
	Presse/News	EN	**Health-Monitoring Vehicles: The Kia Cub Concept is a Driver-Focused Automobile** *Young, M.*
	Presse/News	EN	**Tired Driver Safety Solutions: Seeing Machines and Caterpillar Have a New Eye-Tracking System** *Fowler, R.*
	Presse/News	EN	**Stat-Tracking Gearhead Timekeepers: The Nismo Watch Lets You Track Lap Times and Heart Rate Data** *Hines, M.*
	Presse/News	EN	**Digital Car-Connected Glasses: The Nissan E3 Augmented Reality Glasses Will Enhance Car Rides** *McQuarrie, L.*
2014	Presse/News	EN	**Emotion-Detecting Cameras: Researchers Introduce Emotion-Detecting Camera for Cars** *Buenahora, I.*
	Presse/News	EN	**Anti-Sleep Steering Wheels: This Steering Wheel System Could Help Detect Driver Fatigue** *Kalvapalle, R.*
	Presse/News	EN	**Fatigued Driving Detectors: The HARKEN System Monitors Drivers' Fatigue** *Kalvapalle, R.*
2015	Presse/News	EN	**Tiredness-Tracking Headbands: Impecca's Driver-Targeted Alert Band Will Be on Display at CES 2015** *Wyers, A.*
	Presse/News	EN	**Nissan's „Driver Attention Alert" helps detect erratic driving caused by drowsiness and inattention** *NISSAN*
	Presse/News	EN	**Top 10 Advanced Car Technologies by 2020** *Brauer, K.*
	Presse/News	EN	**Brainwave-Monitoring Cars: Jaguar's Mind Sense Project Focuses on Brain-Monitoring Technologies** *Kalvapalle, R.*
	Presse/News	EN	**Drowsiness-Detecting Steering Wheels: This Smart Steering Wheel Alerts Drivers When They're Drowsy** *Kalvapalle, R.*

(Fortsetzung)

Tab. A.1 (Fortsetzung)

Jahr	Publikationsart	Sprache	Titel
	Presse/News	EN	**Heartbeat-Monitoring Cars: The Lexus RC F's Exterior Paint Reflects the Heartbeat of Its Driver** *Floyd, A.*
	Presse/News	EN	**22 Biometric Car Systems: These Futuristic Innovations Maintain Human and Automotive Health** *McQuarrie, L.*
	Presse/News	EN	**Stress-Regulating Driver Seats: Faurecia's ‚Active Wellness' is a Health-Monitoring Biometric Seat** *McQuarrie, L.*
	Presse/News	EN	**Healthy Driver Wearables: Jawbone UP and Automatic Prevent Road Rage by Assessing Mood and Diet** *McQuarrie, L.*
	Presse/News	EN	**Biometric Insurance Plans: State Farm Will Create Custom Rates with Biometric and Automotive Data** *McQuarrie, L.*
	Presse/News	EN	**Driver-Monitoring Car Dashboards: Safran and Valeo's Partnership Promotes Biometric Innovations** *Pijak, J.*
	Presse/News	EN	**Driver-Monitoring Car Cameras: This System Can Detect When a Driver is Distracted** *Pendrill, K.*
2016	WhitePaper	EN	**IncarWellbeing: Innovations from Healthcare for the Automotive Industry** *Glanz, A.*
	Presse/News	EN	**Audi partners with digital health incubator to develop „automotive health"** *AUDI*
	Fachartikel	EN	**In-car health and wellness monitoring: A Tata Elxsi Perspective** *TATA Elxsi*
	Presse/News	DE	**Mobile World Congress: Ford-Chef: Autos werden Ihre Gesundheit überwachen** *Sokolow, A.*
	Website/Blog	EN	**Audi Looking to Create Automotive Health Technology** *Marsicano, D.*
	Website/Blog	EN	**What is Automotive Health?** *Weinert, J.*

(Fortsetzung)

Tab. A.1 (Fortsetzung)

Jahr	Publikationsart	Sprache	Titel
	Presse/News	DE	**Selbstfahrendes-Automobil: Wellness im Auto** *Friedel-Beitz, A.*
	Website/Blog	EN	**Five ways connected cars ‚will change lives' – Ipsos report** *Tyrepress*
	Fachartikel	DE	**„Gesundheit im Auto": Marktpotenziale und Wertschöpfungsmöglichkeiten für Autohausbetriebe** *Reindl, S.; Wottge, A.*
	Presse/News	DE	**Einstieg bei Inkubator: Audi macht Startups und Kunden fit** *Drechsel, M.*
	Presse/News	DE	**Gründungspartner des Flying Health Indicator: Audi macht das Auto fit** *Beutnagel, W.*
	Website/Blog	EN	**The Chrysalide concept: a complete experience of well-being** *PSA Group*
	Presse/News	EN	**Automaker Audi AG developing a system to sync wearables, car to create „automotive health" technology** *Mack, H.*
	Presse/News	EN	**Audi turns to wearable tech to improve driver health** *Fearn, N.*
	Presse/News	DE	**Audi wird Gründungspartner bei Flying Health Incubator** *Hanser Automotive*
	Presse/News	EN	**Audi focuses on the well-being and health of the driver** *van der Leij, P.*
	Interview	DE	**Digitalisierung der Automobilbranche auf der Automechanika: Marketing läuft über emotionalisierenden Content** *Messe Frankfurt*
	Presse/News	EN	**XPRIZE launches AI 2020 competition with IBM Watson** *Mannes, J.*
	Presse/News	EN	**Next connected car auto-mobility frontier automotive health & fitness?** *Jonston, B.*

(Fortsetzung)

Tab. A.1 (Fortsetzung)

Jahr	Publikationsart	Sprache	Titel
	Presse/News	EN	**Irish start-ups invited to participate in Berlin e-health incubator** *Irisch Tech News*
	Fachartikel	EN	**A Novel Approach to the Design and Development of an Interactive Learning App for Automotive In-Vehicle Infotainment Systems** *Chen, Y.; Tonshal, B.; Mitra, P.; Aldighieri, P.*
	Presse/News	EN	**ARM Launches New Chip Design for Automotive, Health and Robotics** *Kahn, J.*
	Presse/News	EN	**Schaeffler and IBM Sign Watson IoT Partnership for new Industrial Area** *Schaeffler/IBM*
	Presentation	EN	**In -Vehicle Health and Wellness and Emerging Role of Wearable Technologies** *Chen, Y.*
	Website/Blog	DE	**Mobile Health – die Zukunft bleibt spannend** *Weinert, J.*
	Presse/News	EN	**Automotive Health 2.0** *Weinert, J.*
	Website/Blog	DE	**Automotive Health 2.0** *Weinert, J.*
	Presse/News	DE	**Wenn Autos gesund machen** *Álvarez, S.*
2017	Website/Blog	DE	**Lenkrad mit integrierter Vitalsensorik** *Heuer, S.; Wagner, M.*
	Fachartikel	DE	**Automotive Health – Rolling Phones** *Lummer, S.*
	Presse/News	DE	**Die digitalen Mediziner** *Stüber, J.*
	Presse/News	DE	**Daimler bei der CES in Las Vegas: Wenn das Auto den Pulsschlag misst** *Guhlich, A.*
	Presse/News	EN	**In-car health monitors to prevent crashes caused by medical episodes** **Mercedes looks to roll out a new system for cars, trucks and buses.** *McCowen, D.*

(Fortsetzung)

Tab. A.1   (Fortsetzung)

Jahr	Publikationsart	Sprache	Titel
	Buchartikel	EN	**In-Vehicle Health and Wellness: An Insider Story** *Mitra, P.; Simonds, C.; Chen, Y.; Strumolo, G.*
	Presse/News	DE	**Luxuslimousinen: Ich brauche keinen Personal Trainer. Ich habe ein Auto.** *Grünweg, T.*
	Website/Blog	DE	**Neue Geschäftsmodelle: Die digitale Kurve kriegen** *König, R.*
	Website/Blog	DE	**Automotive Health. Audi-Fahrer werden Online-Sprechstunde im Auto wahrnehmen. AUDI macht es vor** *Matusiewicz, D.*
	Fachartikel	EN	**The state of the car computer: Forget horsepower, we want megahertz!** *RON, A.*
	Website/Blog	EN	**Healthcartech: Automotive health tech** *Collet, B.*
	Website/Blog	EN	**5 Crazy Digital Health Predictions for 2017** *jbocas*
	Website/Blog	EN	**Future Of Health: Rethinking Healthcare Engagement And Service Delivery** *PSFK LABS*
	Presse/News	EN	**The Road Ahead: In-Car Health Monitoring** *aipathome*

Literatur

Aeromobil (2017): Automotive innovator and intrapreneur Jonathan Carrier joins AeroMobil as an Advisor, in URL: https://www.aeromobil.com/flying-car/, abgerufen am 16.08.2017 um 15:52 Uhr.

Altenfelder, Kai (2015): Disruptive Geschäftsmodelle sind ein beherrschendes Thema, in URL: https://www.pro-accessio.de/2015/03/05/disruptive-geschaeftsmodelle-sind-ein-beherrschendes-thema/, abgerufen am 15.08.2017 um 12:15 Uhr.

Alvarez, Sonja (2016): Wenn Autos gesund machen, in URL: http://digitalpresent.tages-spiegel.de/wie-autos-gesu-nder-machen-sollen, abgerufen am 04.08.2016 um 18:19 Uhr.

Ahmad, Masab; Kamboh, Awais; Khan, Ahmed (2013): Non-invasive blood glucose monitoring using near-infrared spectroscopy, in URL: http://www.edn.com/design/systems-design/4422840/Non-invasive-blood-glucose-monitoring-using-near-infrared-spectroscopy, abgerufen am 24.08.2017 um 00:02 Uhr.

Anthony, Scott (2016): Kodak's Downfall Wasn't about Technology, in URL: https://hbr.org/2016/07/kodaks-downfall-wasnt-about-technology, abgerufen am 11.08.2017 um 14:56 Uhr.

Audi (2016): AUDI Fit Driver illustrated, Online: https://audi-illustrated.com/de/CES-2016/Audi-fit-driver, Stand 2016, Abfrage 01/2018.

Berg, Achim (2017): Autonomes Fahren und vernetzte Mobilität, in URL: https://www.bitkom.org/Presse/Anhaenge-an-PIs/2017/02-Februar/Bitkom-Charts-Mobility-15-02-2017-final.pdf, abgerufen am 06.08.2017 um 12:26 Uhr.

Björnberg, Arne (2017): Euro Health Consumer Index 2016, in URL: http://www.health-powerhouse.com/files/EHCI_2016/EHCI_2016_report.pdf, abgerufen am 15.08.2017 um 10:59 Uhr.

BMBF (2015): "Daten sind das Öl der Wissensgesellschaft", in URl: https://www.bmbf.de/de/daten-sind-das-oel-der-wissensgesellschaft-1206.html, abgerufen am 15.08.2017 um 12:08 Uhr.

Bogner, Alexander; Littig, Beate; Menz, Wolfgang (2014): Interviews mit Experten, Eine praxisorientierte Einführung, Springer VS, Wiesbaden, 2014.

Burtschak, Thomas (2015): Zetsche-Interview: Wettbewerb aus dem Valley – Joint Venture als Option, in URL: http://www.presseportal.de/pm/102491/3102424, abgerufen am 18.08.2017 um 10:12 Uhr.

Cannon, Walter B. (1915/1920): Bodily Changes in Pain, Hunger, Fear and Rage, D. Appleton & Company, New York & London, 1915/1920.

Cavin, Robert (2007): Automotive Health and Wellness… Can Your Vehicle Make You Feel Better? in URL: http://www.frost.com/sublib/display-market-insight.do?id=109842888, abgerufen am 07.08.2017 um 09:555 Uhr.

Certain, Cornel (2013): Gesundheitssystem: Mehr Probleme als Lösungen, in: Deutsches Ärzteblatt, Jahrgang 110, Heft 7, 15.02.2013, Seiten A-275 – A-276.

Christensen, M. Clayton (1997): The Innovator's Dilemma: When New Technologies Cause Great Firms to Fail, Harvard Business Review Press, Boston, Massachusetts, 1997.

DESTATIS (2017a): Gesundheitsausgaben im Jahr 2015 um 4,5 % gestiegen, in URL: https://www.destatis.de/DE/PresseService/Presse/Pressemitteilungen/2017/02/PD17_061_23611.html, Abgerufen am 05.08.2017 um 20:12 Uhr.

DESTATIS (2017b): Unfallursachen, in URL: https://www.destatis.de/DE/ZahlenFakten/Wirtschaftsbereiche/TransportVerkehr/Verkehrsunfaelle/Tabellen/FehlverhaltenFahrzeugfuehrer.html, Abgerufen am 06.08.2017 um 14:11 Uhr.

DESTATIS (2017c): 7,1 % weniger Verkehrstote im Jahr 2016, in URL: https://www.destatis.de/DE/PresseService/Presse/Pressemitteilungen/2017/02/PD17_065_46241.html, Abgerufen am 06.08.2017 um 14:19 Uhr.

DG-ES (2017): Atemgasanalyse durch Ruhespirometrie, in URL: http://zelltec-diagnostics.de/wp-content/uploads/2015/09/DGES_Physical_A4-Logo.pdf, abgerufen am 23.08.2017 um 15:54 Uhr.

Digital Health Summit (2012): Ford collaborates with Microsoft for in-car health and wellness research, in URL: https://digitalhealthsummit.com/news/ford-collaborates-with-microsoft-for-in-car-health-and-wellness-research/, abgerufen am 07.08.2017 um 14:25 Uhr.

Drechsel, Moritz (2016): Einstieg bei Inkubator: Audi macht Startups und Kunden fit, in URL: https://www.audi-mediacenter.com/de/pressemitteilungen/einstieg-bei-inkubator-audi-macht-startups-und-kunden-fit-6519, abgerufen am 29.05.2017 um 15:26 Uhr.

Du, Lisa; Lu, Wei (2016): U.S. Health-Care System Ranks as One of the Least-Efficient – Bloomberg, in URL: https://www.bloomberg.com/news/articles/2016-09-29/u-s-health-care-system-ranks-as-one-of-the-least-efficient, abgerufen am 15.08.2017 um 11:19 Uhr.

Eastman, Peggy (2016): Biden Report Details Specific Steps Toward Progress, in: Oncology Times, Volume 38, Issue 22, Seiten 20–21, 2016.

EEGinfo Europe (2017): Was ist Biofeedback?, in URL: http://www.eeginfo-neurofeedback.de/neurofeedback/was-ist-neurofeedback/biofeedback/was-ist-biofeedback.html, Abgerufen am 31.07.2017 um 15:20 Uhr.

Europäische Kommission (2017): Elektronische Gesundheitsdienste (eHealth) Strategie, in URL: https://ec.europa.eu/health/ehealth/policy_de, abgerufen am 23.08.2017 um 16:31 Uhr

GBE-Bund (2017): Gesundheitsausgaben in Deutschland als Anteil am BIP und in Mio. € (absolut und je Einwohner)., in URL: http://www.gbe-bund.de/oowa921-install/servlet/oowa/aw92/dboowasys921.xwdevkit/xwd_init?gbe.isgbetol/xs_start_neu/&p_aid=3&p_aid=18914119&nummer=522&p_sprache=D&p_indsp=-&p_aid=29301842, abgerufen am 23.08.2017 um 17:17 Uhr.

Gigerenzer, Gerd; Schlegel-Matthies, Kirsten; Wagner, Gert G. (2016): Digitale Welt und Gesundheit. eHealth und mHealth – Chancen und Risiken der Digitalisierung im Gesundheitsbereich, in URL: https://www.bmjv.de/SharedDocs/Downloads/DE/Artikel/01192016_Digitale_Welt_und_Gesundheit.pdf?__blob=publicationFile&v=2, abgerufen am 15.08.2017 um 12:26 Uhr.

Glanz, Axel (2017): IncarWellbeing: Innovations from Healthcare for the Automotive Industry, in URL: http://www.innovationeninstitut.de/fileadmin/user_upload/White_Paper_IncarWellbeing.pdf, abgerufen am 10.07.2017 um 13:04 Uhr.

Grier, James W. (2017): Comparison and review of portable, handheld, 1-lead/channel ECG / EKG recorders, in URL: https://www.ndsu.edu/pubweb/~grier/Comparison-handheld-ECG-EKG.html, abgerufen am 24.08.2017 um 00:13 Uhr.

Grünweg, Tom (2017): Luxuslimousinen: Ich brauche keinen Personal Trainer. Ich habe ein Auto., in URL: http://www.spiegel.de/auto/aktuell/wellness-im-auto-mercedes-hyundai-und-audi-wollen-fahrer-fit-machen-a-1133705.html, abgerufen am 04.08.2017 um 16:53 Uhr.

Guhlich, Anne (2017): Daimler bei der CES in Las Vegas: Wenn das Auto den Pulsschlag misst, in URL: http://www.stuttgarter-zeitung.de/inhalt.ces-in-las-vegas-daimler-will-autofahrer-gesuender-machen.6cc147f8-b927-4305-8940-6437364b791f.html, abgerufen am 09.07.2017 um 15:13 Uhr.

Gusikhin, Oleg; Klampfl, Erica; Filev, Dimitar; Chen Yifan (2010): Emotive Driver Advisor System (EDAS), in: Cetto, Juan Andrade; Ferrier, Jean-Louis; Filipe, Juaquim (2010) (Hrsg.): Informatics in Control, Automation and Robotics – Revised and Selected Papers from the International Conference on Informatics in Control, Automation and Robotics 2010, Springer-Verlag, Berlin Heidelberg, 2010.

Hanser Automotive (2017): Audi wird Gründungspartner bei Flying Health Incubator, in URL: https://www.hanser-automotive.de/news/uebersicht/artikel/audi-wird-gruendungs-partner-bei-flying-health-incubator-2532629.html, abgerufen am 04.07.2017 um 11:58 Uhr.

Heuer, Stefan; Wagner, Manfred (2017): Lenkrad mit integrierter Vitalsensorik, in URL: http://www.insitex.de/indexe50f.html?option=com_content&view=article&id=96&Itemid=149, abgerufen am 23.07.2017 um 17:24 Uhr.

HIMSS (2012): Definitions of mHealth, in URL: http://www.himss.org/definitions-mhealth, abgerufen am 23.08.2017 um 16:58 Uhr.

Hines, Michael (2011): Heart-Monitoring Autos: The Toyota ECG Steering Wheel is Designed to Track a Driver's Heart Health, in URL: https://www.trendhunter.com/trends/toyota-ecg-steering-wheel, abgerufen am 04.08.2017 um 14:09 Uhr.

Höinghaus, Christoph (2015): Daten: Das Öl des 21. Jahrhunderts: Big Data wirtschaftlich sinnvoll einsetzen, in URL: https://www.cio.de/a/big-data-wirtschaftlich-sinnvoll-einsetzen,3246278, abgerufen am 15.08.2017 um 12:19 Uhr.

Huguenin, Raphael Denis (1988): Fahrerverhalten im Strassenverkehr – Ein Beitrag zur Theorienbildung in der Verkehrspsychologie, Rot-Gelb-Grün Verlag, Braunschweig, 1988.

Hynd, D.; McCarthy, M.; Carrol, J.; Seidl, M.; Edwards, M.; Visvikis, C.; Tress, M.; Reed, N.; Stevens, A. (2015): Benefit and feasibility of a range of new technologies and unregulated measures in the field of vehicle occupant safety and protection of vulnerable road users, in URL: https://publications.europa.eu/en/publication-detail/-/publication/47beb77e-b33e-44c8-b5ed-505acd6e76c0, Abgerufen am: 07.07.2017 um 15:57 Uhr.

INSITEX (2017): Vision, in URL: http://www.insitex.de/indexba40.html?option=com_content&view=article&id=89&Itemid=141, abgerufen am 23.08.2017 um 17:27 Uhr.

Kahn, Jeremy (2016): ARM Launches New Chip Design for Automotive, Health and Robotics, in URL: https://www.bloomberg.com/news/articles/2016-09-19/arm-launches-new-chip-design-for-automotive-health-and-robotics, abgerufen am 29.05.2017 um 15:24 Uhr.

Kaltenbach, Thilo (2016): Digital and disrupted: All change for healthcare, eine Roland Berger Studie, Think Act September 2016, in URL: https://www.rolandberger.com/publications/publication_pdf/roland_berger_digitalization_in_healthcare_final.pdf, abgerufen am 23.08.2017 um 17:50 Uhr.

Kerner, Wolfgang; Brückel, Joachim (2010): Definition, Klassifikation und Diagnostik des Diabetes mellitus, in: Diabetologie und Stoffwechsel 2010, Nr. 5, Seiten 109 bis 112, Georg Thieme Verlag, Stuttgart New York, 2010.

Knoll, Nina; Scholz, Urte; Rieckmann, Nina (2013): Einführung Gesundheitspsychologie., Ernst Reinhardt Verlag, München, 2013.

Knye, Manfred (2017): Experteninterview: Status Quo zum Automotive Health in Deutschland – Chancen und Grenzen, Interview mit Herrn Dr. Manfred Knye, Volkswagen AG, 01.08.2017, 09:49 Uhr, Wolfsburg.

Köcher, Renate (2016): MLP Gesundheitsreport 2016, in URL: https://mlp-ag.de/redaktion/mlp-ag-de/gesundheitsreport-microsite/2016/mlp-gesundheitsreport-2016-pk-praesentation-final.pdf, abgerufen am 12.09.2017 um 17:53 Uhr

König, Romy (2017): Neue Geschäftsmodelle: Die digitale Kurve kriegen, in URL: https://www.medizintechnologie.de/infopool/politik-wirtschaft/2017/die-digitale-kurve-kriegen/, abgerufen am 11.08.2017 um 02:36 Uhr.

Kröner-Herwig, Birgit (2007): Biofeedback, in: Kröner-Herwig, Birgit; Frettlöh, Jule; Klinger, Regine; Nilges, Paul (2007): Schmerzpsychotherapie, Grundlagen – Diagnostik – Krankheitsbilder – Behandlung, 6. aktualisierte und überarbeitete Auflage, Springer Medizin Verlag, Heidelberg, 2007, Seite 565–569.

Kun, Andrew l.; Medenica, Zeljko; Palinko, Oskar; Heeman, Peter A. (2011): Utilizing Pupil Diameter to Estimate Cognitive Load Changes During Human Dialogue: A Preliminary Study, in Tscheligi, Manfred; Riener, Andreas; Myounghoon, Jeon (2011) (Hrsg.): AutomotiveUI 2011: Third International Conference on Automotive User Interfaces and Interactive Vehicular Applications, Adjunct Proceedings „Posters & Interactive Demos", University of Salzburg, ICT&S Center, Salzburg, 2011.

Laschke, Matthias; Eckoldt, Kai; Hassenzahl, Marc (2011): Wellbeing in the car, in URL: http://www.pleasurabletroublemakers.com/wellbeing-in-the-car/, abgerufen am 07.08.2017 um 10:57 Uhr.

Lonsert, Michael; Schäfer, Cathrin; Harm, Fred (2006): Der sechste Kondratieff-Zyklus, in: Pharma Marketing Journal, 68 Jg., Nr. 1, Seite 6–12.

Lummer, Stefan (2017): Automotive Health – Rolling Phones, in URL: http://www.bkk-dachverband.de/fileadmin/user_upload/bkk_17_01_c.pdf, abgerufen am 29.05.2017 um 15:14 Uhr.

Magretta, Joan (2002): Why Business Models Matter, in: Harvard Business Review, Jahrgang 2002, Ausgabe Mai, URL: https://hbr.org/2002/05/why-business-models-matter, abgerufen am 11.08.2017 um 13:41 Uhr.

Matusiewicz, David; Gehne, Christian; Elmer, Arno (2017) (Hrsg.): Die Digitale Transformation im Gesundheitswesen: Transformation, Innovation, Disruption, MWV Medizinisch Wissenschaftliche Verlagsgesellschaft, 1. Auflage, 2017.

Mayring, Philipp (2010): Qualitative Inhaltsanalyse. Grundlagen und Techniken, 10. Auflage, Beltz Verlag, Weinheim Basel 2010.

Matusiewicz, David (2017): Automotive Health. Audi-Fahrer werden Online-Sprechstunde im Auto warnehmen. AUDI macht es vor-, in URL: https://twitter.com/dmatusiewicz/status/847088400020725762, abgerufen am 29.05.2017 um 16:06 Uhr.

McQuarrie, Laura (2015): 22 Biometric Car Systems: These Futuristic Innovations Maintain Human and Automotive Health, in URL: https://www.trendhunter.com/slideshow/automotive-health, abgerufen am 29.05.2017 um 15:34 Uhr.

Meuser, Michael; Nagel, Ulrike (1991): ExpertInneninterviews – vielfach erprobt, wenig bedacht: ein Beitrag zur qualitativen Methodendiskussion, in: Garz, Detlef; Kraimer, Klaus(Hrsg.): Qualitativ-empirische Sozialforschung: Konzepte, Methoden, Analysen, Opladen, Westdt. Verl., 1991 – ISBN 3-531-12289-4, Seite 441–471 URL: http://www.ssoar.info/ssoar/bitstream/handle/document/2402/ssoar-1991-meuser_et_al-expertinnen-interviews_-_vielfach_erprobt.pdf?sequence=1, abgerufen am 30.08.2017 um 13:15 Uhr.

Mossialos, Elias; Wenzl, Martin (2016): 2015 International Profiles of Health Care Systems, in URL: http://www.commonwealthfund.org/~/media/files/publications/fund-report/2016/jan/1857_mossialos_intl_profiles_2015_v7.pdf, abgerufen am 15.08.2017 um 11:07 Uhr.

Muller, Joann (2017): In The Race Toward Self-Driving Cars, GM Has Something Apple And Google's Waymo Lack: A Car, in URL: https://www.forbes.com/sites/joannmuller/2017/06/13/in-the-race-toward-self-driving-cars-gm-has-something-apple-and-googles-waymo-lack-a-car/#2ca5610a764f, abgerufen am 11.08.2017 um 15:52 Uhr.

Müller, G.; Kringler, W.; Schlossbauer; M. (2008): Biofeedback als Therapie- und Diagnostikmethode in der psychosomatischen Rehabilitation, 31. Ulmer Werkstatt Juni 2008, in URL: http://www.uniklinik-ulm.de/fileadmin/Kliniken/Psych_Medizin_Psychtherapie/Dokumente/Klinik/BadBuchauBiofeedbackUlmerWerkstatt2008virtuell.pdf, Abgerufen am 31.07.2017 um 11:19 Uhr.

Müschenich, Markus (2012): Patient in Deutschland: Gehört die Zukunft Dr. Google?, in: Deutsches Ärzteblatt, Jahrgang 109, Heft 47, 23.11.2012, Seite A2356–A2358.

Oppermann, Birgit (2013): Kabellose Messung: Fünf Wege, um an Vitaldaten zu kommen, Ohne Kabel würde vieles einfacher, in URL: http://medizin-und-technik.industrie.de/allgemein/ohne-kabel-wuerde-vieles-einfacher/#slider-intro-1, Abgerufen am 03.08.2017 um 16:45 Uhr.

Pauling, Linus; Robinson, Arthur B.; Teranish, Roy, Cary, Paul (1971): Quantitative Analysis of Urine Vapor and Breath by Gas-Liquid Partition Chromatography, in: Proceedings of the National Academy of Sciences of the United States of America (PNAS), Band 68, Nr. 10, 1971, Seiten 2374–2376.

PwC Strategy& (2016): Weiterentwicklung der eHealth-Strategie, Studie im Auftrag des Bundesministeriums für Gesundheit, in URL: https://www.bundesgesundheitsministerium.de/fileadmin/Dateien/3_Downloads/E/eHealth/BMG-Weiterentwicklung_der_eHealth-Strategie-Abschlussfassung.pdf, abgerufen am 15.08.2017 um 11:45 Uhr.

Rachleff, Andy (2013): What "Disrupt" Really Means, in URL: https://techcrunch.com/2013/02/16/the-truth-about-disruption/, abgerufen am 18.08.2017 um 16:33 Uhr.

Ressing, Meike; Blettner, Maria; Klug, Stefanie J. (2009): Systematische Übersichtsarbeiten und Metaanalysen – Teil 6 der Serie zur Bewertung wissenschaftlicher Publikationen, in: Deutsches Ärzteblatt, Jg. 106, Heft 27, 07/2009.

Schaeffler (2016): Schaeffler and IBM Sign Watson IoT Partnership for new Industrial Area, in URL: https://www.schaeffler.de/content.schaeffler.de/de/press/press-releases/press-details.jsp?id=75987840, abgerufen am 01.08.2017 um 10:24 Uhr.

Schmidtke, J. (1986): DNA-Diagnostik genetisch bedingter Erkrankungen, in: Fresenius' Zeitschrift für analytische Chemie, Jahrgang 01/1986, Volume 324, Issue 3–4, Seite 212–213, 1986.

Schmutzler, Rita; Dietz, Dominik; Jöckel, Karl-Heinz (2012): Präventive Gendiagnostik: Hoffnung und Fluch der Genanalyse, in: Deutsches Ärzteblatt, Jahrgang 2012, Volume 109, Issue 26, Seiten A-1371 / B-1183 / C-1163, 2012.

Selye, Hans (1956): The Stress of Life, McGeaw-Hill, New York, 1956.

Sesink, Werner (2012): Einführung in das wissenschaftliche Arbeiten – inklusive E-Learning, Web-Recherche, digitale Präsentation u. a., 9. aktualisierte Auflage, Oldenbourg Wissenschaftsverlag, München, 2012.

Shahan, Zachary (2015): Facebook Working On Electric Self-Driving Car, Facebook Employee Leaks To CleanTechnica, in URL: https://cleantechnica.com/2015/04/01/facebook-employee-leaks-plans-for-electric-self-driving-car/, abgerufen am 11.08.2017 um 16:15 Uhr.

Silver, Andrew (2017): Microsoft offers cloud to Baidu, gets autonomous car in return, Self-driving project could be a smart move by Redmond, in URL: https://www.theregister.co.uk/2017/07/06/microsoft_cloud_baidu_autonomous_car_project/, abgerufen am 11.08.2017 um 16:17 Uhr.

Sommer, Philipp; Fürnau, Georg; Thiele, Holger (2010): EKG-Diagnostik, in: Notfallmedizin up2date, Volume 5, Issue 03, Seite 193–208, 2010.

Son, Joonwoo; Park, Myoungouk (2011): Estimating Cognitive Load Complexity Using Performance and Physiological Data in a Driving Simulator, in Tscheligi, Manfred; Riener, Andreas; Myounghoon, Jeon (2011) (Hrsg.): AutomotiveUI 2011: Third International Conference on Automotive User Interfaces and Interactive Vehicular Applications, Adjunct Proceedings „Posters & Interactive Demos", University of Salzburg, ICT&S Center, Salzburg, 2011.

Sonnier, Paul (2017): Definition: My Definition of Digital Health, in URL: http://storyofdigitalhealth.com/definition/, abgerufen am 15.08.2017 um 11:54 Uhr.

Showell, Chris; Nohr, Christian (2012): How Should We Define eHealth, and Does the Definition Matter? in: Studies in Health Technology and Informatics, IOS Press Verlag, Volume 180, August 2012, Seiten 881–884.

Springer (2017): Willkommen bei SpringerLink, in Url: https://www.springer.com/de/hilfe/about-springerlink/18548 abgerufen am 29.06.2017 um 16:00 Uhr.

Statista (2015): Digital Market Outlook –eHealth, in URL: https://de.statista.com/statistik/studie/id/27442/dokument/digital-health-statista-dossier/, abgerufen am 22.07.2017 um 11:50 Uhr.

Statista (2017): Verunglückte im Straßenverkehr nach Bundesländern 2016, Bei Straßenverkehrsunfällen Verunglückte und Getötete in Deutschland im Jahr 2016 nach Bundesländern, in URL: http://de.statista.com/statistik/daten/studie/38126/umfrage/verunglueckte-im-strassenverkehr-in-deutschland/, abgerufen am 23.08.2017 um 18:38 Uhr.

Storm, Andreas (2017): Gesundheitsreport 2017 – Analyse der Arbeitsunfähigkeitsdaten, Update: Schlafstörungen, in URL: https://www.dak.de/dak/download/gesundheitsreport-2017-1885298.pdf, Abgerufen am 06.08.2017 um 00:19 Uhr.

Stüber, Jürgen (2017): Die digitalen Mediziner, in URL: https://www.morgenpost.de/wirtschaft/article209143461/Die-digitalen-Mediziner.html, abgerufen am 04.08.2017 um 18:43 Uhr.

Tata Elxi (2016): In-car health and wellness monitoring: A Tata Elxsi Perspective, in URL: http://www.tataelxsi.com/Perspectives/WhitePapers/In%20car%20wellness.pdf, abgerufen am 29.05.2017 um 15:48 Uhr.

Tandon, Ajay; Murray, Christopher J.L.; Lauer, Jeremy A.; Evans, David B. (2017): MEASURING OVERALL HEALTH SYSTEM PERFORMANCE FOR 191 COUNTRIES, in URL: http://www.who.int/healthinfo/paper30.pdf, abgerufen am 15.08.2017 um 11:13 Uhr.

The 1000 Genomes Project Consortium (2010): A map of human genome variation from population-scale sequencing, in: nature international weekly journal of science, Volume 467, 28 October 2010, Seiten 1061–1073.

Theguardian (2017a): Meet the iCar? Apple to test self-driving vehicles in California, in URL: https://www.theguardian.com/technology/2017/apr/14/apple-self-driving-car-test-california, abgerufen am 11.08.2017 um 15:49 Uhr.

Theguardian (2017b): Amazon patent hints at self-driving car plans, in URL: https://www.theguardian.com/technology/2017/jan/18/amazon-self-driving-patent-autonomous-vehicle-plans-reversible-lanes, abgerufen am 11.08.2017 um 15:49 Uhr.

Wasem, Jürgen (2012): Versorgungsmanagement – Treibsatz für mehr Effizienz, in: Ärzte Zeitung, Ausgabe Nr. 162, 13.09.2012, Seite 8.

Weinert, Julian (2016a): Mobile Health – die Zukunft bleibt spannend, in URL: https://blog.daimler.com/2016/11/30/mobile-health-die-zukunft-bleibt-spannend/, abgerufen am 29.05.2017 um 15:13 Uhr.

Weinert, Julian (2016b): Automotive Health 2.0, in URL: https://www.linkedin.com/pulse/automotive-health-20-julian-weinert, abgerufen am 29.05.2017 um 15:21 Uhr.

Weinert, Julian (2017): Experteninterview: Status Quo zum Automotive Health in Deutschland – Chancen und Grenzen, Interview mit Herrn Julian Weinert, AMBULANCE Health Innovation Agency GmbH, 21.08.2017, 16:43 Uhr, Stuttgart.

WIFOR (2016): Ökonomische Bestandsaufnahme und Potenzialanalyse der digitalen Gesundheitswirtschaft (I C 4 – 80 14 36/01), Studie im Auftrag des Bundesministeriums für Wirtschaft und Energie, in URL: https://www.wifor.de/tl_files/wifor/PDF_Publikationen/2016_BMWi_Potenzialanalyse_DigitaleGW_PwCGreinerWifOR_FINAL.pdf, abgerufen am 23.08.2016 um 16:43 Uhr.

WHO (2011): mHealth: New horizons for health through mobile technologies, in URL: http://www.who.int/goe/publications/goe_mhealth_web.pdf, abgerufen am 16.08.2017 um 19:40 Uhr.

WHO (2017): GUIDE TO CANCER EARLY DIAGNOSIS, in URL: http://apps.who.int/iris/bitstream/10665/254500/1/9789241511940-eng.pdf, abgerufen am 01.08.2017 um 16:56 Uhr.

Printed in the United States
By Bookmasters